LA
LUTTE POUR LA VIE

PIÈCE

Représentée pour la première fois, à Paris, au Gymnase-Dramatique,

le 30 octobre 1889.

CALMANN LÉVY, ÉDITEUR

DU MÊME AUTEUR :

LES ABSENTS, opéra-comique en un acte.

LA DERNIÈRE IDOLE, drame en un acte.

FROMONT JEUNE ET RISLER AINÉ, drame en cinq actes.

LE FRÈRE AINÉ, drame en un acte.

L'ŒILLET BLANC, comédie en un acte.

IMPRIMERIE CHAIX, RUE BERGÈRE, 20, PARIS. — 8936-4- 0.

LA
LUTTE POUR LA VIE

PIÈCE

EN CINQ ACTES, SIX TABLEAUX

PAR

ALPHONSE DAUDET

NEUVIÈME ÉDITION

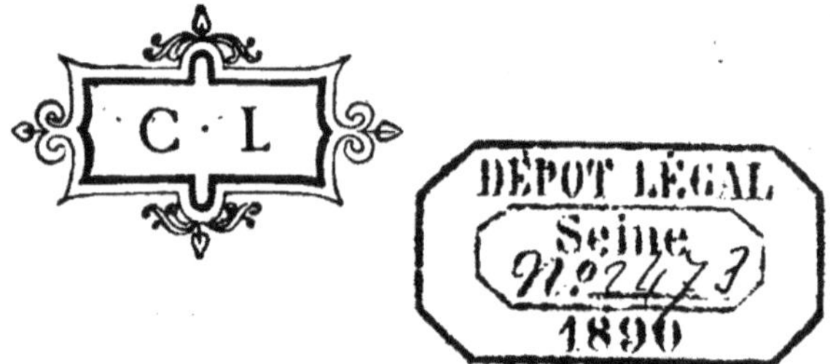

PARIS

CALMANN LÉVY, ÉDITEUR

ANCIENNE MAISON MICHEL LÉVY FRÈRES

3, RUE AUBER, 3

—

1890

PERSONNAGES

VAILLANT, receveur des postes, 60 ans . . . MM. **LAFONTAINE.**
PAUL ASTIER, député, 32 ans. . . . . . . **MARAIS.**
CHEMINEAU, clerc d'avoué, 30 ans. . . . . **NOBLET.**
LE COMTE ADRIANI, garde-noble, 28 ans. **P. PLAN.**
ANTONIN CAUSSADE, chef de laboratoire,
25 ans. . . . . **BURGUET.**
LORTIGUE, secrétaire de Paul Astier, 23 ans. **HIRCH.**
HEURTEBIZE, concierge-chef au château de
Mousseaux. . . . . **LAGRANGE.**
LE NOTAIRE . . . . **RICQUIER.**
LE DUC DE BRÉTIGNY, de l'Académie
française, 70 ans. . . . . **SEIGLET.**
STENNE, domestique de Paul . . . . **GIRARD.**
PREMIER CAVALIER, au 12ᵉ chasseurs. . . . **TARIN.**
DEUXIÈME CAVALIER — — . . . . **L. DEBRAY.**
LE COMMISSIONNAIRE. . . . . **BOUDIER.**
MARIA-ANTONIA, ancienne duchesse Pado-
vani, maintenant Madame Paul Astier, 50 ans. Mᵐᵉˢ **PASCA.**
LA MARÉCHALE, 40 ans. . . . . **DESCLAUZAS.**
ESTHER DE SÉLÉNY, 20 ans . . . . . . **ROSA BRUCK.**
LYDIE, fille de Vaillant, 20 ans. . . . . . . **DARLAUD.**
LA MARQUISE DE ROCANÈRE, 25 ans . **VARLY.**
LA COMTESSE DE FODER. . . . . **MARIELLE.**

LIVRÉE. — VALETS DE PIED. — JARDINIERS.

La scène se passe à Paris et au château de Mousseaux (Loir-et-Cher).

Mise en scène de M. Ch. Masset.

PRÉFACE

« Certes, ce n'est pas le grand Darwin que je mets en cause, mais les hypocrites bandits qui l'invoquent, ceux qui d'une observation, d'une constatation de savant, veulent faire un article de code et l'appliquer systématiquement. Ah ! vous les trouvez grands, vous les trouvez forts, ces gens-là. Et moi je vous dis que ce n'est pas vrai... Rien de grand sans bonté, sans pitié, sans solidarité humaine. Je vous dis qu'appliquées, ces théories de Darwin sont scélérates parce qu'elles vont chercher la brute au fond de l'homme et que, comme dit Herscher, elles réveillent ce qui reste à quatre pattes dans le quadrupède redressé. »

Ces paroles, que prononce un de mes personnages, résument la pensée haute de mon œuvre et son vaste titre, trop vaste même, si on le prenait à la lettre : *La Lutte pour la Vie*. Assurément je n'ai pas eu la prétention de raconter dans une soirée, pas plus que dans un livre ou une suite de livres, cette bataille de l'existence dont nous ne voyons jamais qu'un coin, le nôtre, comme le soldat perdu dans ces mêlées d'hommes décrites par Stendhal et Tolstoï, sur lesquelles planera toujours le même destin mystérieux, enveloppé et obscur, malgré la récente invention des poudres sans fumée. Non, j'ai seulement voulu mettre à la scène quelques spécimens de cette race nouvelle de petits féroces à qui la formule darwinienne de la « lutte pour la vie » sert de prétexte et d'excuse en toutes sortes de vilenies et d'infamies.

Ce type-là n'existait pas chez nous avant la guerre.

« La France est sentimentale, elle doit devenir scientifique, » disait souvent Gambetta, et je me rappelle combien alors je partageais ses idées, avec quelle ardeur on adoptait autour de lui les brutales formules saxonnes : « Le fort mange le faible... la permanence du plus apte », etc. Tout à coup survient le crime de Lebiez et Barré, l'assassinat scientifique basé sur les théories darwiniennes où prétendaient s'abriter ces deux bandits, Lebiez surtout, la pensée de l'autre, le cerveau commun, Lebiez qui, après le coup, eut l'horrible aplomb de prononcer une conférence dans le quartier des Écoles sur la lutte pour la vie, et de la reprendre en partie devant le juge d'instruction.

C'est là que m'apparut nettement le danger de l'idée mal comprise, la possible mise en œuvre, par des scélérats ou des ignorants, de doctrines déviées de leur vrai sens, l'atroce égoïsme humain décrété comme une loi nouvelle, et tous les assouvissements, tous les crimes légitimés au nom d'une théorie naturelle formulée par un grand penseur dans l'isolement et l'abstraction de sa tour d'ivoire. En même temps aussi, avec ce Lebiez, pédante et méchante bête dont j'entendais dire très sérieusement par ses camarades « riche type... garçon très fort », me fut révélée la physionomie toute moderne du lutteur pour la vie ou « struggle for lifeur », comme je l'ai dénommé pour plaire aux Parisiens qui n'aiment rien tant qu'écorcher les mots étrangers et qui comptaient déjà « high lifeur » dans leur répertoire.

La silhouette de ce jeune gredin, pédagogique et scientifique, m'intéressait tellement, je le sentais si vrai, si contemporain, que je commençai un livre moitié roman moitié histoire, intitulé : *Lebiez et Barré — Deux jeunes Français de ce temps.* J'y travaillais depuis des mois, lorsque parut en France la traduction de l'admirable *Crime et Châtiment*, de Dostoïewski, qui se trouvait être exactement, et fait par un homme de génie, le livre que je voulais écrire. L'étudiant russe Rodion personnifiait l'étudiant Lebiez; ses soliloques philosophant l'assassinat de la vieille femme, c'étaient les dialogues que j'imaginais entre Lebiez et Barré, le soir, dans les débits de prunes de la rue Racine. Cet article de revue écrit par Rodion, sous ce titre : *Le Droit au meurtre*, c'était la conférence de Lebiez au quartier Latin. Je dus renoncer à mon livre; mais le « struggle for lifeur » continuait à me hanter, reproduit autour de moi en une quantité d'exemplaires, s'accentuant chaque jour davantage, se multipliant dans la société, les milieux politiques, artistiques et mondains, si bien qu'un beau matin, cet aimable forban de Paul Astier, amalgame de plusieurs jeunes aventuriers de ma connaissance, se dressa devant ma table d'écrivain, correct, sinistre et bien en forme, tel que je l'ai montré dans *l'Immortel* et *la Lutte pour la Vie.*

Qu'il ait lu Darwin, celui-là, j'en doute, je suis même sûr du contraire; mais le peu qu'il en sait et qu'il cite volontiers à la Chambre, au cercle, à la douche, dans les salles d'armes, partout où l'on est entre hommes, car devant les femmes le garçon parle tout autrement, les quelques formules darwinistes qu'il a retenues au passage lui suffisent pour expliquer scientifiquement à ses yeux, et même aux yeux du monde, son existence criminelle d'ambitieux sans entrailles, de spadassin et de jouisseur. « Canaille, mais je m'en f...! Je lutte pour l'existence. » Lebiez, remarquez, travaillait au nom du même principe; entre les deux « struggle for lifeurs », de même âme fourbe et scélérate, la seule

différence consiste dans le décor et la tenue.
Ce n'est qu'une question de linge. J'ai essayé
d'en donner la sensation au public, et quand
Paul Astier raconte le suicide de Lydie Vaillant, sa victime, j'ai voulu qu'il ait les bras
nus, la chemise ouverte et fripée, les manches
relevées des coups de force ; que le « struggle
for lifeur » apparût dans sa brutalité cynique,
non plus déguisé par la cravate blanche et
l'habit. De là ce tableau du cabinet de toilette
où quelques esprits courts n'ont cru voir
qu'un déshabillage réaliste.

Certes, qu'il y ait la moindre analogie possible entre lui, homme du monde, homme
d'État, fils et petit-fils d'immortels, et ce misérable carabin, le joli forban ne peut se l'ima-
giner. Darwiniste, oui, mais d'une autre envergure, et défendu par son ambition, par son
goût du pouvoir, préservatifs aussi sûrs que la
meilleure conscience de brave homme. Ne
craignez donc rien pour le jeune Astier. Si
forte envie qu'il ait de se débarrasser de son
crampon, aucun danger qu'il cède à la tentation criminelle. Il est bien trop avisé, bien
trop fort ! Et, tout à coup, voilà quelque chose

de plus fort que lui, — il y a donc quelque
chose au-dessus de l'homme le plus fort, —
qui surgit et lui met aux mains une arme
foudroyante et sûre! C'est, je l'avoue, ce
que je préfère dans mon drame, ce petit flacon
posé sur ce coin de toilette, comme par une
volonté mystérieuse, pour tenter, affoler le
« struggle for lifeur », l'amener jusqu'au bord
du crime...

Pourquoi pas jusqu'au fond ?

Deux motifs à cela. Le premier, c'est que
le monde, en définitive, a certaines habitudes
de tenue, d'élégance, qui lui servent de frein,
malgré tout. « Presque de la morale, une cravate blanche, » comme dit Chemineau. Et puis
l'autre raison, la vraie, Paul Astier est d'une
génération, d'un « bateau » où, sans croire
absolument aux vieilles institutions, on a encore un vague instinct de la loi, du gendarme.
Je me trompe peut-être, mais il me semble
que cette équipe des hommes de trente à
quarante, peu déterminée pour le mal comme
pour le bien, race d'Hamlets tourmentés et
questionneurs, n'est pas encore arrivée au
nihil absolu et agissant du bateau qui vient

derrière, délesté de tout respect et de toute
morale. Du reste, n'en doutez pas ; si Paul
Astier a manqué d'audace une première fois,
la main ni le cœur ne lui failliraient au
second coup. La pauvre Mari-Anto en est tellement sûre, que — toute frissonnante encore
de la lecture d'Herscher, cette épouvantable
histoire de crime et d'échafaud — son cœur
déborde brusquement de la pitié maternelle
qui veille au fond de toute tendresse de
femme ; et, pour épargner au misérable une
tentation nouvelle, cette fois irrésistible, pour
lui éviter la honte et l'horreur du supplice,
elle consent au divorce qui l'outrage dans
toutes ses convictions, et qu'elle avait juré de
ne subir jamais.

Certains auraient voulu que le drame s'ar-
rêtât là, plus conforme aux lois ordinaires de
la vie ; que je laisse Paul Astier triomphant,
délivré de sa vieille dame, pâturer à loisir
les millions de l'Autrichienne. Eh bien, j'ai,
moi, de l'existence une vision tout différente.
J'y crois absolument à la formule du « tout se
paye » ; j'ai toujours vu l'homme toucher le
salaire de sa besogne, bonne ou mauvaise, et

non dans l'autre vie, que je ne connais pas,
mais dans celle-ci, dans la nôtre, tôt ou tard.

Maintenant, j'avoue que ma haine des mé-
chants est telle, que j'ai mis peut-être trop de
raffinement dans l'exécution de mon Paul
Astier. Je l'ai cueilli en plein bonheur, si
heureux qu'il en deviendrait presque bon, un
brin d'oranger aux lèvres, et dans les yeux
l'éblouissant reflet de sa belle juive tout en
or; et c'est à ce moment précis, guetté, que
je lui ai fait appliquer par Vaillant la loi
darwinienne du fort qui mange le faible. « Je
suis armé, tu ne l'es pas, alors je te supprime,
bandit! » Brave père Vaillant! Celui-là n'est
pourtant pas un « struggle for lifeur », il vient
d'un vieux, très vieux bateau, où l'on croyait
à un tas d'affaires passées de mode; et son
coup fait, la bête abattue, son geste vers le
ciel, pendant qu'il répète en écho le glacial
« adjugé » de l'enchère, montre bien de quelle
adjudication suprême et vengeresse il se figure
être l'instrument. « Bravo, d'Ennery! » a
murmuré dans un coin le jeune et fringant
Toupet de Nîmes. Au fond, je suis un peu de
son avis; mais que voulez-vous? je l'ai telle-

ment dans le sang, cette haine de la sale bête, que j'aurais été capable de tirer moi-même dessus.

Il me reste à remercier du fond du cœur le directeur du Gymnase et les acteurs de *la Lutte pour la Vie*; car je ne me dissimule pas qu'avec une interprétation ordinaire et dans un cadre moins parfait, ma pièce n'aurait pas reçu pareil accueil du public. Elle est longue, chargée de détails, demande de l'attention, ce dont les Parisiens sont le plus avares, et par moments donne à réfléchir, ce qui n'est pas du goût de tout le monde. « Une pensée! Oh! ben, là là! » Grâce à M. Victor Koning et à ses excellents artistes, j'ai réussi quand je pouvais tout redouter; je suis heureux de leur exprimer ma gratitude publiquement.

Je craignais surtout que la critique ne fît payer à *la Lutte pour la Vie* sa proche parenté avec *l'Immortel* dont ma pièce est en quelque sorte la prolongation et la conséquence. Il n'en a rien été. La presse m'a témoigné beaucoup de bienveillance ou d'impartialité, tout au moins. A peine, sous une ou deux critiques, me suis-je figuré entendre gronder de sourdes rancunes à palmes vertes, et je m'en étonne encore ; il n'y a pas dans ma pièce un seul mot antiacadémique. Et puis, en somme, de quoi donc était-il coupable, cet *Immortel* si honni ? D'avoir parlé sans respect de l'Académie française ? Mais que respecte-t-on, je vous prie, de nos jours ? N'est-il pas arrivé à des académiciens, et des plus fameux, de maltraiter des personnages fort honorables ou tenus pour tels ? Est-ce que Taine, de l'Académie française, ne s'est pas attaqué à Napoléon, le plus haut monsieur de ce siècle où l'on compte des hommes de la taille de Bismarck ? Trouvez-vous que Renan, académicien lui aussi, ait été bien révérencieux pour Jésus-Christ, dans la biographie qu'il nous en a donnée à plus de trois cent mille exemplaires ?

Et moi, pour quelques familiarités prises avec cet Institut respectable ; pour m'être permis de dire que ses faveurs ne nuisaient pas, mais ne prouvaient rien ; que les hommes de valeur se passaient fort bien de son estampille ; pour mon audace à dévoiler les chinoiseries de ce monde d'intrigues spéciales, les courants multiples et contraires qui soufflent dans ses froids corridors, les chutes sur ses escaliers borgnes, les bosses au front des plus fiers qui se courbent au niveau de ses portes basses; pour avoir plaint la détresse des candidats qu'amorce l'Académie et qu'elle traîne à sa remorque en fallacieux appâts, signalé enfin à la jeunesse artiste le piège tendu à toutes ses fiertés, à toutes ses indépendances, quelles huées, que de colères et d'injures !

Jusqu'à ce long réquisitoire de M. Quesnay de Beaurepaire, qui, pour faire mieux sa cour académique, allongeait les passages qu'il donnait de mon livre de petits points indignés et pudibonds figurant les ordures qu'il ne pouvait citer, et auxquelles il attribuait la vogue scandaleuse de l'ouvrage...

Mais que vais-je chercher? Tout cela est bien loin, puisqu'il s'agit d'un roman de l'année dernière, et j'allais oublier que c'est *la Lutte pour la vie* qui est en cause et sur l'affiche, et non plus *l'Immortel.*

LA LUTTE POUR LA VIE

ACTE PREMIER

Chez Paul Astier, à l'hôtel Padovani.

Cabinet de travail majestueux, haut plafond, draperies sévères. — Porte au fond. — A droite, la chambre de Paul Astier, cachée sous de riches tentures sombres. — Haute croisée à gauche. — Table de travail chargée de brochures et dont le fauteuil fait face à la chambre de Paul. — Au fond, porte-fenêtre sur la terrasse et le jardin de l'hôtel. — Au lever du rideau, la croisée à gauche est grande ouverte. — C'est le matin. — Le petit Stenne, grimpé sur un escabeau, fait les carreaux.

SCÈNE PREMIÈRE

LORTIGUE et STENNE.

LORTIGUE, entrant par le fond, très chic, serviette sous le bras,
collet relevé.

Bonjour, petit Stenne !

STENNE, sur son échelle, sans se retourner.

Bonjour, monsieur Lortigue.

LORTIGUE, posant sa serviette sur la table.

Frisquet, ce matin d'avril. Le patron est au bois?

Il ouvre une boîte de cigares, en met un à sa bouche et en prend une
poignée qu'il se dispose à fourrer dans son porte-cigares.

STENNE.

Non, monsieur Lortigue. Monsieur n'est pas encore
sorti de sa chambre.

LORTIGUE, remettant vivement les cigares dans la boîte.

Il n'est pas malade?

STENNE.

Malade? Lui... Paul Astier!... (Il rit.) Jamais!

LORTIGUE.

C'est si extraordinaire... (Baissant la voix et montrant la
chambre.) Est-ce qu'il est seul?

STENNE.

Je suppose. Je n'entre jamais sans qu'on me sonne.
Mais, faut croire qu'il est seul, puisque madame est à
Mousseaux, dans son château de Touraine, depuis trois
mois.

LORTIGUE.

Justement... c'est long, trois mois, surtout dans un
ménage qui craque. (Il fait signe au domestique de descendre de son
échelle.) Tu ne sais rien de nouveau? On ne parle de rien
à l'office?

STENNE.

Du nouveau?... Entre monsieur et madame?

LORTIGUE.

Non, non, pas ça... Hémerlingue, leur banquier qui

vient de sauter. Il paraît qu'ils sont pris dans la faillite
et que tout y passe.

STENNE.

Je ne pourrais pas vous dire... Ce qu'il y a, c'est que
nous sommes toujours une dizaine à la table des domestiques, que madame a au moins autant de monde avec
elle au château, toujours le même train de chevaux, de
voitures, d'équipages de chasse... Oh! et puis, vous
savez, monsieur Lortigue, avec cet homme-là, je ne
m'effraye jamais. J'en ai tant vu quand nous étions
dans l'architéqure...

LORTIGUE.

C'est vrai qu'il était architecte avant son mariage.

STENNE.

Je vous crois... C'est nous qui avons fait l'ambassade
ottomane, l'hydrothérapie Kayser, la restauration de
Mousseaux, notre chef-d'œuvre.

LORTIGUE.

Un vrai chef-d'œuvre, en effet. En reconstruisant le
château, se faire aimer dé la châtelaine, décider la fière
duchesse Maria-Antonia Padovani, Mari-Anto, comme
l'appellent ses Corses, à devenir madame Paul Astier...
Ç'a été ce qu'on peut appeler un bâtiment de rapport.

STENNE.

N'empêche que les commencements ont été durs. Je
me rappelle notre maison de la rue Fortuny, une maison style Louis XII, bâtie par nous, très chic. Nous
avons soutenu de véritables sièges là dedans. Ce qu'on
a eu faim!... On mangeait les moulures!

LORTIGUE.

Et il y a longtemps de ces jours héroïques?

STENNE, retourné à sa besogne

Trois ans, pas même. Après, on s'est mis dans la politique, comme tout le monde, et, aujourd'hui, nous voilà député, mari d'une duchesse, cousin des plus grands noms de France.

LORTIGUE.

Et faisant les carreaux à l'hôtel Padovani, tout ce qu'il y a de mieux dans le faubourg comme antique baraque écussonnée et seigneuriale... Tu as raison, mon petit, c'est rassurant une veine pareille.

STENNE.

Oui, de la veine, et puis... (Avec un geste d'atelier.) Il sait faire sa palette. Pour mettre son blanc, son bleu, son rouge, personne comme lui! Il ne se trompe jamais de tube.

LORTIGUE.

C'est précieux en politique.

STENNE.

Oui, mais avant d'en arriver là, quel travail, que de misères!

LORTIGUE.

Pourtant le père Astier était riche. (Accent auvergnat.) Mochieu Achtier de Chauvagnat, membre de l'Académie française, logé à l'Inchetitut, dans l'appartement du grand Villemain... Il a dû vous aider?

STENNE.

Rien du tout. On ne s'est jamais entendu avec le
vieux.

LORTIGUE.

Le fait est que le père et le fils ne sont pas de la
même école. C'est à se demander comment de cette
vieille perruque, de ce tas de balançoires historico-
philosophiques: l'*Essai sur Marc-Aurèle*, — la *Mission
de la femme dans le monde*, est sorti un type aussi
complet que le patron, si pratique, si moderne. (Geste
vers la chambre.) En voilà un qui l'a comprise autrement
que papa, la mission de la femme dans le monde! Et
qui n'y a pas moisi longtemps dans le chalon du
grand Villemain! C'est étonnant comme on ne se ressemble pas dans les familles... Aussi il va bien... justement, les *Débats* de ce matin... Tiens, au fait, il faut
que je lui montre... (Il va vers la porte de la chambre, soulève la
tenture et frappe.) C'est moi, Lortigue... l'illustre chef de
votre secrétariat... celui que vous avez bien voulu sur-
nommer Toupet de Nîmes... (On n'entend pas la voix de Paul
Astier, mais seulement celle du secrétaire.) Oui, monsieur... Non,
monsieur... (Rire courtisan.) Ah! ah! très joli... Vous savez
que les *Débats* annoncent votre nomination... sur le bureau, oui. (Il revient mettre un journal bien en vue au-dessus des
autres, sur la table, puis retourne à la porte.) Il y a opéra ce soir.
Faut-il envoyer la loge à la maréchale de Sélény?...
Ah! oui, c'est vrai. Ces dames sont en voyage... (Revenu
vers la table pour poser le coupon et se parlant à lui-même.) C'est
donc ça qu'il n'est pas au Bois ce matin... le flirt est
interrompu!... (Même jeu du côté de la chambre.) Je mets aussi
sur la table le nouveau volume d'Herscher dont tout
le monde parle... Oui, je sais, vous ne lisez jamais

de romans, vous en faites... Mais ce n'est pas un roman... une étude sur la jeunesse de Darwin. Épigraphe de ce Darwin, votre auteur préféré.

Il a posé le livre d'Herscher sur la table et regarde minutieusement le courrier, les timbres, les écritures et même le contenu des enveloppes au travers du jour.

STENNE, qui passe près de lui et s'en va vers le fond, en emportant son échelle, la fenêtre refermée, dit d'un ton de blague froide.

Ne vous gênez donc pas, je vous en prie... Alors, faites les carreaux aussi, puisque vous y êtes.

Il sort.

LORTIGUE, revenu près de la porte.

Plus rien à me dire, patron? Bien... d'ailleurs, je vous verrai à la Chambre... Passerai à l'Agriculture pour l'affaire du cousin... Raseur et compromettant, ce parent de province... Fiche par-dessus bord... Parfait... compris... pas de sentiment.

Il sort par le fond. La scène reste vide un instant, puis un bras nu de femme soulève la tenture de la chambre et l'on entend la voix de Lydie.

LYDIE, au dehors.

Mais non, mais non, il n'y a personne.

SCÈNE II

LYDIE VAILLANT, puis PAUL ASTIER.

LYDIE, en corsage de dessous, les bras et les épaules découverts, achevant d'épingler et de tortiller ses cheveux.

Je veux le lire, moi, ce journal. (Elle s'approche vite de la table et parcourt la feuille du matin que Lortigne a laissée demi-ouverte.) Ah! voilà! (Elle lit.) « Hier matin, au conseil des ministres,

a été décidée la nomination de M. Paul Astier, comme
sous-secrétaire d'État au ministère...

Elle songe immobile, debout, le journal à la main.

PAUL ASTIER, tenue du matin très soignée. Il appelle avant d'entrer.

Lydie! (Entrant.) Eh bien, mon enfant?

LYDIE, posant le journal.

Je songe que vous voilà un grand, tout à fait grand
personnage.

PAUL ASTIER.

Oui, on sera ministre avant trente-cinq ans, c'est
gentil!

LYDIE.

Et votre pauvre Lydie, que va-t-elle devenir dans
cette apothéose?

PAUL ASTIER.

Elle sera toujours ce que j'ai de plus cher au monde...
Ah! si je pouvais être libre, faire de vous ma femme,
ma vraie femme...

LYDIE.

Je n'ai jamais rien demandé que votre amour... surtout je ne veux pas vous fatiguer de moi. Quand vous
en aurez assez, quand je verrai dans vos yeux que vous
ne m'aimez plus... ça se lit très couramment, paraît-il...
au lieu de m'acharner, de devenir mauvaise...

PAUL ASTIER, à demi voix.

Qu'est-ce que tu feras?

LYDIE.

Voyons vos yeux?... Oh! tant qu'ils me regarderont
ainsi, je suis tranquille.

PAUL ASTIER se penche et pose un baiser sur ses épaules nues.
Chère âme!

La porte du fond s'ouvre brusquement. Entre Chemineau. Lydie pousse un
petit cri et se sauve dans la chambre.

SCÈNE III

PAUL ASTIER, CHEMINEAU, bon sourire, menton ras,
cravate blanche d'homme d'affaires, petit sac de voyage en bandoulière.

PAUL ASTIER.

Tiens! Chemineau... entre donc.

CHEMINEAU.

Est-il bête, ce Lortigue qui ne m'avertit pas! (Il lui
serre la main en montrant la chambre.) Gentille, la nouvelle?

PAUL ASTIER, excédé.

Ah! Ouit!... nouvelle... six mois!... Je commence à
en avoir...

CHEMINEAU, geste vers la chambre.

Prends garde.

PAUL ASTIER.

La tenture est baissée... On ne peut rien entendre.

CHEMINEAU.

J'y suis... c'est la petite Tourangelle, l'ancienne pro-
tégée, lectrice, demoiselle de compagnie de la duchesse...
(D'un ton d'amical reproche.) Mais pourquoi la recevoir ici?
Tu n'as donc plus ta garçonnière de l'avenue Gabriel?

PAUL ASTIER.

Oh! c'est pour une fois. Remarque d'ailleurs qu'on est entré par la rue de Lille et le jardin; on s'en ira par là, les apparences sont gardées.

CHEMINEAU.

C'est égal, tu as tort... dans la situation où tu es vis-à-vis de ta femme... surveillé, filé pas à pas, heure par heure...

PAUL ASTIER.

Oui, je sais, Lortigue... mais il ne dit que ce que je veux qu'il dise, et ne ramasse que ce que je laisse traîner.

CHEMINEAU, avec un sourire admirant, d'un jobard un peu forcé.

Mâtin, tu es fort... (Montrant la chambre.) Alors, c'est exprès que tu fais venir ici...

PAUL ASTIER, riant.

Peut-être...

CHEMINEAU.

Tu voudrais amener ta femme à un coup de colère... une rupture complète... la grande cassure?... tu n'y arriveras pas.

PAUL ASTIER.

Tu crois?... C'est vrai, tu viens de Mousseaux?

CHEMINEAU.

Ce matin.

PAUL ASTIER.

Tu l'as vue?

CHEMINEAU.

Ta femme?

PAUL ASTIER, les dents serrées.

Oui, ma femme... Eh bien?

CHEMINEAU.

Oh! parfaite... d'une tenue, d'une sérénité devant la ruine... prête à tout ce qu'on voudra. Tu vendras le château, l'hôtel, terres, meutes, équipages... Elle te laisse juge et libre. Pour le divorce, par exemple, c'est une autre affaire. J'ai voulu tâter, glisser quelques mots, mais elle m'a répondu un : « Jamais! » coupant et brusque, à la Padovani. Je me suis rappelé Lortigue, Toupet de Nîmes, essayant de pousser sa pointe et se faisant cingler en pleine figure. Justement qu'elle avait son même fouet à chiens, manche court et grande lanière. J'ai pris la porte et je suis retourné visiter un peu le domaine... Décidément royal, mon cher... Ces charmilles d'une lieue rayonnant toutes à ce grand perron de la cour d'honneur, les quatre tours dentelées, la galerie sur la rivière... le terrible sera de trouver un acquéreur.

PAUL ASTIER.

C'est fait.

CHEMINEAU.

Trois millions, tu sais?

PAUL ASTIER.

Trois millions, quatre millions, ce qu'il faudra... On visite en ce moment.

CHEMINEAU.

Mazette!... Alors tu vendras à l'amiable?

PAUL ASTIER.

Non, non, aux enchères. Je ne veux pas avoir l'air de connaître les acquérants.

CHEMINEAU.

Voilà qui change bien les affaires. Si nous vendons Mousseaux seulement trois millions... le mal est réparable. Voyons, je faisais en venant un calcul approximatif et voici à quoi j'arrivais...

SCÈNE IV

LES MÊMES, STENNE.

PAUL ASTIER.

Quoi donc?

STENNE.

Deux messieurs, très pressés, qui insistent pour vous voir.

CHEMINEAU.

Tu as une affaire?

PAUL ASTIER, cherchant.

Une affaire?... Non, je ne crois pas. (Il prend les deux cartes des mains du domestique, regarde, tressaille, fait un pas vers la porte de sa chambre, puis revenant vers Chemineau qui veut se retirer.) Reste, reste... (Au domestique.) Dites qu'on attende un instant...

Stenne sort.

SCÈNE V

PAUL ASTIER, CHEMINEAU.

PAUL ASTIER.

Tu as raison. (Montrant la chambre.) C'était une impru-
dence... (Lui montrant les deux cartes qu'il tient à la main.) Le
père... et le fiancé...

CHEMINEAU, lisant tout haut.

« Vaillant, receveur des postes et télégraphes. — Doc-
teur Antonin Caussade, chef de laboratoire... » —
(S'interrompant vivement.) Mais pas du tout, pas du tout.

PAUL ASTIER, surpris.

Comment ?

CHEMINEAU.

Le père et le fiancé, je veux bien... mais pas pour ce
que tu supposes... c'est une histoire de location, un immeuble à fin de bail... Ta femme, dans le temps, avait
fait à ces Caussade un abandon absolument imbécile
que j'ai trouvé inutile de renouveler. Ils s'adressent à
toi comme ils m'en ont prévenu.

PAUL ASTIER.

Ainsi, tu crois ?...

CHEMINEAU.

Simple coïncidence. D'ailleurs, veux-tu que je les
reçoive ?... Il m'amuse, ce vieux postier. Il mousse, il
mousse.

PAUL ASTIER.

C'est cela, reçois-le... ce sera plus sage.

Il rentre dans sa chambre.

SCÈNE VI

CHEMINEAU, STENNE, puis VAILLANT et ANTONIN.

CHEMINEAU, s'installant au bureau de Paul, et sonnant le petit Stenne.

Faites entrer ces messieurs.

Il a pris le volume d'Herscher et le feuillette avec un grand coupe-papier, renversé dans le fauteuil, la figure cachée par le volume. Entrent le père Vaillant, moustache grise, raide, nerveux, tournure militaire, et Antonin, étriqué, des lunettes, un peu voûté par les travaux du laboratoire, l'allure timide et embarrassée. Chemineau, avec un bon sourire, sortant de son livre comme un diable d'une boîte.

VAILLANT, étonné.

Mais... c'était M. Paul Astier...

CHEMINEAU.

Ainsi que je vous l'avais dit, messieurs, mon ami Paul Astier, pris par les travaux de la Chambre, la commission du budget, m'a chargé de régler notre petit différend.

ANTONIN, parlant avec effort, un léger bégaiement.

Probablement... M. Paul Astier ignore... les conditions dans lesquelles... le... le... enfin, n'est-ce pas ?

VAILLANT.

Laisse, laisse, mon enfant. Allons-nous-en... Viens.

CHEMINEAU.

Mais pourquoi ne voulez-vous pas que votre ami
s'explique ?... Il me paraît très délié, ce jeune homme.

VAILLANT.

Ce n'est pas à vous que nous avons affaire. Puisque
M. Paul Astier est introuvable chez lui, nous irons lui
parler à la Chambre. C'est un homme public. Il se
doit de nous recevoir... Arrive, Antonin.

CHEMINEAU.

Voyons, monsieur Vaillant, vous n'êtes pas raisonnable ; vous savez pourtant ce que c'est qu'une consigne,
vous, un ancien militaire... Car vous avez servi, certainement.

VAILLANT, moins dur.

Jamais, monsieur, et je le regrette... Ç'a été l'ambition de toute ma jeunesse d'être soldat... mais j'avais
charge d'âmes, des sœurs, des frères à élever, une
mère veuve et infirme... un peu l'histoire de mon
filleul, mon brave Antonin que voilà.

CHEMINEAU, regardant Vaillant.

C'est extraordinaire !... la démarche, la tournure,
mais vous êtes plus militaire... que tous les militaires...

VAILLANT.

Oui, j'ai joué au soldat, ne pouvant pas mieux...
(Souriant.) A la direction, ils m'appellent tous le commandant.

CHEMINEAU, salut militaire.

Eh bien, alors, commandant, mettez-vous à ma place,
je ne fais qu'exécuter un ordre... M. Astier trouve loca-

taire à dix mille francs, c'est-à-dire, huit mille francs
de plus que ne payait madame Caussade. Qu'elle garde
l'immeuble si elle veut ; seulement, qu'elle y mette le
prix.

VAILLANT, tapant sur un meuble avec sa canne.

Mais, mille noms de nom ! on vous a déjà expliqué...
Vous savez bien que c'est la ruine pour ces pauvres
gens.

SCÈNE VII

Les Mêmes, PAUL ASTIER.

PAUL ASTIER.

Qu'est-ce qu'il y a ?... De quoi s'agit-il ? Messieurs,
je vous salue.

VAILLANT, à Antonin.

Parle.

ANTONIN, effrayé.

Non, non, vous...

VAILLANT.

Soit ! Voici la chose, monsieur Astier. Quand le père
de ce grand garçon, mon vieil ami Caussade...

PAUL ASTIER, l'interrompant.

Je sais... maison Caussade, pendules et bronzes d'art,
48, rue de la Perle... Connais l'histoire.

VAILLANT, tristement.

Vous ne la connaissez pas toute et je vous demande la permission de vous lire une lettre déjà ancienne. (A Antonin.) Tu veux bien, petit?

ANTONIN, bas.

Lisez.

VAILLANT, lisant une lettre qu'il a tirée de sa poche.

« Vaillant, mon vieux »... (S'interrompant.) Ceci a huit ans de date; en ce temps-là, j'étais receveur des postes à Mousseaux. (Reprenant.) « Vaillant, mon vieux, il m'arrive une triste affaire; j'avais des marchandises en dépôt, je les ai engagées pour faire face à une échéance. C'est mal, mais que veux-tu, la vie est aussi trop dure pour nous autres, les petits commerçants. Pris entre les ouvriers et la grande industrie, il n'y a plus moyen d'y tenir... Enfin, voilà, si je n'ai pas remboursé aujourd'hui avant midi, une plainte va être déposée au parquet. Il est onze heures, je n'ai rien trouvé, j'aime mieux mourir. Moi, mort, ils n'oseront plus poursuivre, et le nom de mes enfants ne sera pas sali d'une condamnation. Tu as déjà tant fait pour nous... » — Tant fait, pauvres gens!... — « que je n'ai pas voulu m'adresser à toi; mais je te prie de penser quelquefois à ma femme et à mes chères petites que je laisse. Tâche surtout qu'Antonin, ton filleul, puisse terminer ses études et qu'il ne soit jamais dans le commerce. C'est pire que le bagne. Embrassons-nous une dernière fois, mon camarade, et... » (Violemment.) Et il a fait comme il avait dit. (Un silence. Vaillant referme sa lettre, essuie ses yeux. Antonin s'est détourné pour cacher son émotion. Puis le vieux postier reprend.) C'est dans ces circonstances que madame la duchesse dont le grand cœur vous est connu, messieurs...

CHEMINEAU.

Consentit un bail dérisoire...

VAILLANT.

Qui a permis à la veuve de payer toutes les dettes et d'élever ses trois enfants.

ANTONIN, à demi voix, essuyant avec son mouchoir le verre de ses lunettes embuées.

Vous l'y avez aidé, parrain.

VAILLANT.

Tais-toi donc. J'ai fait ce que voulait le père, tu n'a pas été commerçant.

PAUL ASTIER

C'est beau, pourtant, le commerce; mais il faut avoir la taille des affaires, et le pauvre M. Caussade...

ANTONIN, colère sourde.

Il s'est tué pour ses enfants.

VAILLANT.

Ce n'est déjà pas mal comme hauteur de taille.

ANTONIN.

Pauvre père! s'il avait eu seulement le... le... enfin, n'est-ce pas?

CHEMINEAU.

Eh! précisément, jeune homme... c'est ce qui lui a manqué!...

PAUL ASTIER, à Vaillant, montrant Antonin.

Monsieur est médecin?

VAILLANT.

Chef de laboratoire de chimie à la Charité, très savant, très fort, mais gagnant à peine de quoi vivre, et ne pouvant encore venir en aide à la maison. Voilà pourquoi on s'adresse à vous, monsieur Astier.

CHEMINEAU.

Enfin, c'est la rente de douze cent mille francs que vous nous demandez.

VAILLANT.

C'est l'exécution d'une promesse faite; madame la duchesse Padovani m'a dit à moi, Vaillant, sur le grand perron de Mousseaux, que, tant qu'elle vivrait...

PAUL ASTIER.

Je ne connais pas la duchesse Padovani, mais j'ai pleins pouvoirs de madame Paul Astier, ma femme, pour la gestion de ses biens, et je trouve que le bail fini n'est plus renouvelable dans ces conditions. D'abord, savez-vous si cet argent ne nous fait pas faute à nous-mêmes?

VAILLANT, souriant.

Oh! monsieur.

PAUL ASTIER.

Et puis, en affaires, il n'y a pas de sentiment. C'est la loi de Darwin qui gouverne. (A Antonin.) Vous qui vous occupez de science, vous la connaissez, cette belle formule de la lutte pour la vie.

ANTONIN.

Oui. Il naît plus d'individus qu'il n'en peut vivre... le... le... enfin... Extermine-moi ou je t'extermine.

PAUL ASTÏER, souriant

C'est la loi de nature, et son application ici me paraît tout indiquée.

VAILLANT.

Il nous reste alors à en appeler à madame Paul Astier, de la parole donnée par la duchesse Padovani.

PAUL ASTIER.

Comme il vous plaira, mais je crois que vous perdrez votre temps et l'argent du voyage. (Ils se saluent. Antonin et Vaillant sortent par le fond.) Messieurs...

VAILLANT.

Monsieur...

SCÈNE VIII

PAUL ASTIER, CHEMINEAU.

CHEMINEAU.

Pourquoi es-tu entré ? Je me passais fort bien de toi...

PAUL ASTIER.

J'étais curieux de voir...

CHEMINEAU.

Le fiancé?... C'est du raffinement. (Il rit.) Ah çà ! mais tu arrêtes donc les voitures de noces, maintenant? Il te les faut avec garçon d'honneur et bouquet d'oranger ?

PAUL ASTIER.

Mon cher, les femmes sont étonnantes... Il n'est pas mal, ce garçon... travailleur, intelligent.

CHEMINEAU.

La parole un peu difficile... Le... le... enfin, n'est-ce pas?

PAUL ASTIER.

Oui, un timide, comme tous les fiers à enfance malheureuse, mais le mariage l'aurait dégourdi. Tout était convenu entre les deux familles... les jeunes gens s'adoraient, et pourtant je n'ai eu qu'un signe à faire...

CHEMINEAU.

Pourquoi l'as-tu fait? Elle te plaisait donc bien?

PAUL ASTIER, souriant.

A ce moment-là, elle servait ma petite *combinazione*, comme dit notre ami le comte Adriani, le garde-noble... une pierre pour ma fronde; la femme n'a jamais été que cela entre mes mains.

CHEMINEAU.

Alors, leur mariage?

PAUL ASTIER.

On n'en parle plus, tu penses!

CHEMINEAU.

Et le... le... enfin, n'est-ce pas?

PAUL ASTIER.

Eh bien, tu l'as vu. il n'a pas l'air content.

CHEMINEAU, avec admiration.

Quel gaillard tu fais!... Mais voyons, explique-moi...
Quand tu en veux une, une très jolie, ou très... (il n'ose
pas dire très riche.) très à ton idée, quoi! comment t'y
prends-tu ?...

PAUL ASTIER, souriant.

Comment, disaient-ils,
Sans philtres subtils
Être aimés des belles ?...
« Aimez », disaient-elles.

CHEMINEAU.

Mais tu ne les aimes pas.

PAUL ASTIER.

Je fais semblant, ce qui me laisse tout mon sang-
froid. Je dis ce qu'il faut dire, j'ai mon petit répertoire, très court, toujours pareil : âme, fleur, étoile.
Car, vois-tu, mon bon, la femme en est restée à la
romance; il me semble même qu'elle est devenue plus
mandoline, plus sentimentale, à mesure que l'homme
se faisait plus féroce et la vie plus dure.

CHEMINEAU.

Ah ! Tu devrais bien me donner un peu de ta science,
j'aurais vite fait de décrocher une belle dot et de me
payer l'étude du père Boutin où je trime comme clerc
depuis dix ans.

PAUL ASTIER.

Toi, je vais te dire : ce qui te nuit auprès des
femmes, c'est ton air railleur; tu ris, il ne faut pas...
la passion ne plaisante jamais et ce dont elles ont horreur par-dessus tout, c'est l'ironie...

CHEMINEAU.

Je suis ironique?

PAUL ASTIER, changeant brusquement de ton.

Retournons à nos chiffres. Tout vendu, tout payé, qu'est-ce qu'il nous reste selon toi?

CHEMINEAU, à demi voix, se répétant la leçon.

Ame... fleur... étoile... (Haut.) Je compte sur un revenu de trente à trente-cinq mille, y compris ton traitement de député.

PAUL ASTIER.

C'est bien ce que je disais... la misère... Eh! oui, la misère... Quand nous nous sommes mariés, il y a deux ans, ma femme avait six cent mille francs de rente; elle est faite à cette vie-là, et puis moi aussi. Que veux-tu que nous devenions maintenant? Brocanter de la basse politique, en famélique, en besogneux...

CHEMINEAU.

Quelle idée aussi de spéculer quand on a une fortune pareille?

PAUL ASTIER, prenant une cigarette dans la boîte.

Enfin, me voilà bien, moi, avec ma duchesse... Jolie, ma belle affaire. (Il allume.) Un paquet et une non-valeur.

CHEMINEAU.

Oh! un paquet, c'est trop dire!...

PAUL ASTIER.

Cinquante ans.

Il offre une cigarette à Chemineau.

CHEMINEAU.

Le fait est que la duchesse... madame Paul Astier,
a beaucoup changé depuis son mariage; elle a vieilli
de dix ans en deux ans, mais, en définitive, peu de
femmes ont aussi grand air que la tienne... La toilette
lui va, elle a de la lecture !... (Souriant.) Une non-valeur,
ça... (Il allume sa cigarette.) Il est certain qu'à ton âge,
dans ta situation, tu ne serais pas en peine de trouver
quelque héritière.

PAUL ASTIER, brutalement.

Eh! je l'ai, l'héritière. (Bas.) Ceci pour toi seul...
Vingt ans, juive, orpheline, formidablement riche, et
n'attendant que mon divorce...

CHEMINEAU.

Malheureusement, je te répète que ta femme ne di-
vorcera pas.

PAUL ASTIER.

Mais quelles raisons?

CHEMINEAU.

D'abord, parce qu'elle t'aime toujours.

PAUL ASTIER.

Tu crois?

CHEMINEAU.

J'en suis sûr.

PAUL ASTIER, souriant.

Alors, on pourra la décider.

CHEMINEAU.

A quoi? La malheureuse!... à divorcer?

PAUL ASTIER.

Le divorce par amour. Napoléon et Joséphine.

CHEMINEAU.

Avec cette différence...

PAUL ASTIER.

Que Joséphine était restée belle.

CHEMINEAU.

Et qu'il était, lui, Napoléon.

PAUL ASTIER.

Bah! pour la femme qui vous aime, est-ce qu'on n'est pas toujours un peu Napoléon?... Oui, oui, je m'y suis mal pris; avec une passionnée comme celle-là... Je n'ai pas mis le pied sur la bonne pédale... mais enfin, il est temps encore... je n'ai qu'à aller la chercher.

CHEMINEAU.

Comment!... Après ce qui s'est passé!... Ces scènes terribles, l'éclat de votre rupture, de cet exil en plein hiver... Tu penses qu'elle reviendra?

PAUL ASTIER.

Si elle m'aime!

CHEMINEAU.

Alors, vous recommencerez à vivre ensemble?... Et combien de temps?

PAUL ASTIER.

Le temps nécessaire.

CHEMINEAU.

Eh bien, moi, à ta place, j'aurais peur.

PAUL ASTIER.

D'elle ? (Riant.) Une vengeance corse ?

CHEMINEAU.

Non, de toi !... Voyons, tu reprends la vie à deux, suppose que tu n'arrives pas... ?

PAUL ASTIER.

J'arriverai !...

CHEMINEAU.

Mais en supposant... suppose... Elle s'entête, elle ne veut pas divorcer.

PAUL ASTIER.

Ensuite ?

CHEMINEAU.

Tiens, tu as là le nouveau volume d'Herscher, tu ne l'as pas lu ?

PAUL ASTIER, méprisant.

Non !

CHEMINEAU, prenant le livre et lisant le titre.

« *Lebiez et Barré. — Deux jeunes Français de ce temps* ». C'est l'histoire, tu sais bien, de ces jeunes gens qui ont assassiné une vieille femme, une laitière...

PAUL ASTIER.

Ah ! oui, pour quelques sous... Imbéciles ! Leurs têtes ne valaient vraiment pas davantage. Mais quel rapport... ces deux gredins ?...

CHEMINEAU.

Des gredins, pas tant que ça ! Deux garçons comme toi et moi, deux amis de collège, éduqués, intelligents, seulement la dent longue... et darwinistes jusqu'à la moelle... Il y en a même un qui, après le coup, a fait une conférence explicative à la salle d'Arras sur la lutte pour la vie!... Le fort mange le faible!... Toute ta doctrine. (Changeant de ton.) Quel piège, mon cher, que ces formules scientifiques... (Baissant la voix à mesure.) Comme on glisse, comme on se laisse prendre, comme ils y ont été pris!

PAUL ASTIER.

Ah çà!... mais tu es fou!

CHEMINEAU.

Oui! Je sais... les principes... l'honneur, la conscience...

PAUL ASTIER.

Mieux que cela!... Mon ambition... Tu me cites deux misérables, des ventres creux, des jouisseurs qui n'y voyaient pas plus loin que leur satisfaction immédiate; moi, je suis d'une autre envergure, j'aime le pouvoir, je veux monter très haut, tu m'entends, très haut! Mener les événements et les hommes! Plus souvent que je me laisse glisser sur une pelure d'orange. (Souriant.) Merci toujours pour ta bonne pensée... (Sourire en blague de Chemineau.) mais je suis sûr de moi, quoi qu'il arrive... voyons un peu. (Il réfléchit.) Séance aujourd'hui, demain commission du budget... Viens dimanche ici, tu y trouveras ma femme.

CHEMINEAU, prenant son chapeau.

Moi qui arrive de Mousseaux... permets que je doute encore. (Tressaillant.) On frappe, Paul... (Montrant la chambre.) C'est de ce côté.

PAUL ASTIER.

Tiens, au fait, l'autre là dedans que j'oubliais... (Mouvement de sortie de Chemineau.) Attends, tu vas prendre une leçon.

SCÈNE IX

LES MÊMES, LYDIE, en chapeau, voilette baissée, toilette soignée, mais simple.

PAUL ASTIER.

Entrez, vous pouvez entrer... c'est Chemineau.

CHEMINEAU.

Un ami d'enfance de Paul, mademoiselle.

LYDIE, souriant.

Je vous connais bien, monsieur.

PAUL ASTIER.

Chère enfant, vous nous voyez un peu émus. Il vient de m'arriver... J'ai quelque chose à vous apprendre...

LYDIE.

Ah ! mon Dieu! Quoi donc? (Elle le regarde, s'épouvante.) Non, non, ne me le dites pas... Ne me dites pas que c'est fini.

PAUL ASTIER.

Fini, non... pas encore, je l'espère... mais il nous

faut prendre de grandes précautions... M. Vaillant sort
d'ici avec Antonin.

LYDIE.

Mon père !... Il sait tout?

PAUL ASTIER.

Non, je ne crois pas... leur visite avait du moins un
autre prétexte, le renouvellement du bail des Caussade;
mais cette coïncidence de leur présence ici... certains
regards que Chemineau croit avoir surpris... n'est-ce
pas, Chemineau? (Mouvement d'affirmation de Chemineau.) J'ai
eu peur, je l'avoue. Pour vous, pour moi, dans ma
situation...

LYDIE.

Et pour lui, pauvre père...

PAUL ASTIER.

Nous devons cesser de nous voir, pendant quelque
temps.

LYDIE.

Mais là-bas... chez nous?

PAUL ASTIER.

Avenue Gabriel?... Moins que partout ailleurs... C'est
au gîte surtout que le gibier se laisse prendre.

LYDIE.

Je pourrai vous écrire au moins?

PAUL ASTIER.

Poste restante?... J'y compte bien !

LYDIE, plus bas, tendre.

Vous ne penserez plus à moi, méchant.

PAUL ASTIER, l'étreignant.

Et à qui veux-tu que je pense? (Regard à Chemineau.)
N'es-tu pas l'étoile de mon ciel d'orage... la petite fleur
bleue de mon steppe solitaire...

LYDIE, rayonnante à mesure qu'elle entend : fleur... étoile...

Oui, oui, c'est moi qui suis méchante, mon Paul...
Je vous crois, j'ai foi en vous. (Passionnée et joyeuse.) Au
revoir... au revoir... bientôt...

Elle remonte, sort par la terrasse du fond et le jardin. — Paul Astier, qui est
remonté avec elle, reste un moment dans le fond, puis redescend.

SCÈNE X

PAUL ASTIER, CHEMINEAU.

CHEMINEAU.

Ah! il est fort.

PAUL ASTIER, souriant.

Tu vois...

CHEMINEAU.

Avec deux mots, pas même trois... mais il faut
savoir les dire... fleur... étoile...

PAUL ASTIER.

Et ne pas rire, surtout. Au revoir, mon Chemineau.
Tu déjeuneras dimanche ici entre Napoléon et Joséphine!

———

2.

ACTE DEUXIÈME

Au château de Mousseaux. Dans l'ancienne salle des Gardes.

A gauche, premier plan, quelques marches conduisant aux appartements privés. A droite, deuxième plan, en pan coupé, fenêtre ouverte avec vieux balcon de pierre. Au fond, porte d'entrée monumentale. A gauche, au fond, galerie sur le Cher, fuyant en trompe-l'œil, à perte de vue. Grande table, sièges renaissance de formes diverses. Au mur, vieilles tentures, panoplies.

Au lever du rideau, Maria-Antonia et la marquise de Rocanère causent confidentiellement sur la terrasse. La marquise est en tenue de visite, Maria-Antonia, tête nue, toilette d'appartement coquette et sombre.

Au dehors, tumulte de voix brutales.

SCÈNE PREMIÈRE

MARIA-ANTONIA,
LA MARQUISE DE ROCANÈRE.

LA VOIX D'HEURTEBIZE.

Jamais !... Je vous dis que non !... Je ne veux pas... et le premier qui recommence...

MARIA-ANTONIA, se penchant au balcon.

Eh bien ! eh bien ! va-t-on se taire en bas !... Que signifie tout ce train, Salviati ?

LE DOMESTIQUE, du dehors.

Madame, c'est le portier-chef...

SCÈNE II

Les Mêmes, HEURTEBIZE.

HEURTEBIZE, il entre furieux, sa casquette galonnée d'une main, de
l'autre une affiche chiffonnée, arrachée.

Oui, madame, c'est moi. Voilà ce qu'ils avaient collé
sur le mur de la grand'porte. (Il lit.) « Vente, même
sur une enchère... »

MARIA-ANTONIA, à demi voix.

Oh! mon Dieu, déjà...

HEURTEBIZE, continuant à lire.

« Du domaine et château de Mousseaux, meubles et
» immeubles, terres, vignes, prés, bois, îles et mou-
» lins... »

MARIA-ANTONIA.

Et tu as arraché cette affiche ?...

HEURTEBIZE.

J'en arracherai tant qu'ils en mettront.

MARIA-ANTONIA.

Tu as tort, mon pauvre Heurtebize, nous allons être
vendus, il faut bien qu'on pose des affiches.

Mouvement de madame de Rocanère.

HEURTEBIZE.

Mousseaux vendu! Si c'est Dieu possible! Un autre
que madame me le dirait que je ne voudrais pas le
croire.

MARIA-ANTONIA.

Ne te désespère pas... On te laissera ta porte; les vieux serviteurs tels que toi font partie intégrale du domaine.

HEURTEBIZE.

Ce n'est pas à moi que je pense, mais on a l'orgûeil d'une maison dont on a été, pendant trente ans, le fidèle chien de garde, et je sollicite de madame, toujours si bonne, une faveur dernière.

MARIA-ANTONIA.

Quoi donc ?

HEURTEBIZE.

Nous sommes aujourd'hui jeudi, jour où le public est admis à visiter.

MADAME DE ROCANÈRE.

Ah ! oui, la servitude des châteaux historiques.

MARIA-ANTONIA.

Vous n'avez pas cela à Rocanère.

HEURTEBIZE, désignant l'affiche qu'il tient toujours.

Si j'ai de ces saletés sur mon grand portail, j'aimerais mieux que ce soit un autre que moi qui parle et qui montre.

MARIA-ANTONIA.

Non, non, mon brave, fais ton service comme d'habitude, on ne posera les affiches que demain.

HEURTEBIZE, très ému.

Merci, madame.

Il sort.

SCÈNE III

MARIA-ANTONIA et MADAME DE ROCANÈRE.

MADAME DE ROCANÈRE, lui prenant les mains.

C'était donc vrai, pauvre amie, et moi non plus je ne voulais pas le croire.

MARIA-ANTONIA.

Oui, il paraît que je suis ruinée, mais c'est un malheur qui ne m'atteint guère... Riche ou pauvre, ici ou là, ma vie est perdue, gâchée, et toute ma fortune ne la rachèterait pas.

MADAME DE ROCANÈRE, bas.

Votre même chagrin... toujours ?

MARIA-ANTONIA.

Toujours... Aussi quelle folie de vouloir aimer à mon âge! (Tendant ses mains, les yeux levés.) Pourquoi cet homme sur ma route, et dans mon cœur cette illusion d'un bonheur nouveau, d'un recommencement d'existence, alors que tout devait être fini pour moi? (Avec désespoir.) Ah! Louise, ma Louise, tu es heureuse d'être jeune.

MADAME DE ROCANÈRE.

Jeune? Demandez à M. de Rocanère, il y a longtemps que je ne le suis plus pour lui... et si vous voulez que nous parlions de dédain, d'abandon, de trahison, de mensonge, je sais aussi bien que vous tout ce que promet le mariage et tout ce qu'il tient. Seulement, moi, j'en ai pris mon parti tout de suite et trouvant très distingué de rester honnête femme à côté de mon chenapan, j'ai cherché dans les distractions permises... j'ai fait du sport, chassé le loup, le renard. Vous ne chassez donc plus à courre, vous, duchesse?

MARIA-ANTONIA.

Non.

MADAME DE ROCANÈRE.

Moi non plus, je m'en suis vite fatiguée... Alors, j'ai essayé de la sculpture, mais c'était salissant. Je me suis mise au Wagner. On n'a vu que moi à Bayreuth, toute une saison... pas deux, par exemple... Après Wagner... (Cherchant.) Qu'est-ce que j'ai fait après Wagner? Ah ! oui, des fondations, des bonnes œuvres... encore un sport bien fatigant, la charité... J'ai créé des asiles, des orphelinats, dans le genre de vos petites muettes. Ma belle-mère m'aidait beaucoup; elle est très riche, comme vous savez, et à chaque frasque nouvelle de son fils, j'étais sûre de la voir arriver avec vingt, trente, cinquante mille francs, selon l'énormité de l'escapade. « Tenez, mon enfant, voilà pour vos vieux prêtres », ou bien : « J'ai pensé à vos veuves de l'armée. » La bonne dame me tenait ainsi au courant de mes infortunes conjugales, aussi exactement que l'aurait fait la meilleure agence, et comme en définitive j'aimais mieux ne pas savoir, j'ai renoncé aux fondations pour passer à la religion pure, sans œuvres... Celles qui peuvent s'y tenir, s'y glacer, âmes et corps, sont les heureuses, moi je n'ai pas pu. Et maintenant, voilà où j'en suis. (Elle tire de sa poche un petit étui d'argent.) Mon flacon de morphine... mon aiguille...

MARIA-ANTONIA.

Ah ! Louise.

MADAME DE ROCANÈRE.

Quand je m'ennuie trop, crac ! (Elle fait le geste de se piquer au bras.) Tout de suite, c'est un bercement, une griserie, on ne pense à rien, ou plutôt à mille choses à la fois, toute votre âme s'éparpille comme quand on regarde longtemps la mer. Vous n'avez jamais essayé?

MARIA-ANTONIA.

Tais-toi. Tu ne sais donc pas ce qu'il y au bout de ce lâche apaisement, la folie, l'abdication de soi. Comment peux-tu?...

MADAME DE ROCANÈRE.

Bah! On a bien exagéré. D'abord, j'ai soin de ne pas augmenter la dose.

MARIA-ANTONIA.

Non, non... vois-tu, ma pauvre enfant, il n'y a que d'être aimée qui compte dans la vie.

MADAME DE ROCANÈRE, subitement sérieuse.

Vraiment? Vous croyez ! (Baissant la voix.) Eh bien, moi aussi. (D'un ton navré.) Ah! si mon mari avait voulu!...

MARIA-ANTONIA.

Tu peux encore espérer; tu as la jeunesse. Moi, c'est fini... fini... jamais plus.

MADAME DE ROCANÈRE.

Pourquoi?... Peut-être votre ruine sera-t-elle au contraire, une occasion de rapprochement?

MARIA-ANTONIA, vivement.

Dieu m'en préserve! J'ai trop souffert. Oh! ces deux ans passés ensemble. Sentir que je ne lui plaisais plus, et l'écart de nos deux âges s'agrandissant de jour en jour. Je devenais jalouse, jalouse à en mourir, jalouse à tuer. Je rêvais de vendettes sanglantes comme dans nos maquis, de potées de vitriol dans des figures de femmes qu'il trouvait belles et que je m'imaginais rôdant autour de mon bonheur.

MADAME DE ROCANÈRE, effroi comique.

C'est terrible, dites donc.

MARIA-ANTONIA.

Et lui, au lieu de soigner ce mal épouvantable, s'amusait à l'exaspérer, songeant peut-être à s'en servir comme d'un moyen de délivrance, d'un prétexte à divorce... Il est si subtil!... Mais ma dernière blessure, la plus cruelle, la plus outrageante... ç'a été cette Lydie Vaillant, tu te rappelles...

MADAME DE ROCANÈRE, stupéfaite.

Lydie!... Comment! la fille de notre ancien receveur?...

MARIA-ANTONIA.

Je ne la soupçonnais pas, celle-là, mon Dieu... j'avais été si bonne pour elle, pour son père... toujours près de moi, choyée comme mon enfant... puis un jour, j'ai eu la preuve... et quelle preuve!... cynique, brutale... une étreinte à pleins bras, à pleines lèvres, surprise entre deux portes... Et quand je l'ai eu chassée, cette malheureuse, sais-tu ce qu'il a fait, mon cher, mon loyal mari?... Il a donné de l'avancement au père, appelé sa maîtresse à Paris... C'était encore plus commode, tu comprends... Notre rupture date de là.

MADAME DE ROCANÈRE.

Cette petite Lydie... quelle effrontée!... Et le père
n'en a rien su?... C'est moi qui l'aurais prévenu, à
votre place?

MARIA-ANTONIA.

Le père, mais je n'avais rien à lui apprendre, va ;
un de ces aveugles qui vivent de leur infirmité et n'en
voudraient pas guérir pour rien au monde... Pouah !
la vie, quel dégoût... Ah! sans cet hiver de calme et
de solitude à Mousseaux, que serais-je devenue ? à
quelle folie m'aurait-on poussée ? Et tu parles de rapprochement, non, non! D'ailleurs, il ne souhaite que
le divorce ou ma mort, pour en épouser une plus jeune.

MADAME DE ROCANÈRE, méprisante.

Sa postière, vous croyez qu'il oserait ?

MARIA-ANTONIA.

Oh! non, elle n'a pas d'argent; c'est une autre qu'il
vise, une très riche.

MADAME DE ROCANÈRE.

Mais comment savez-vous ?...

MARIA-ANTONIA, souriant.

Lortigue, son secrétaire, un jeune homme qu'on a
envoyé vers moi... je me demande encore dans quelles
louches intentions... et dont je me suis fait un dévouement avec quelques bons coups de cravache.

SCÈNE IV

LES MÊMES, HEURTEBIZE.

HEURTEBIZE, joyeusement.

C'est M. Vaillant qui est là, madame.

MARIA-ANTONIA.

Comment dis-tu ? Vaillant...

HEURTEBIZE.

Oui, madame.

MARIA-ANTONIA.

Tu es bien sûr?

HEURTEBIZE.

Oui, madame.

MADAME DE ROCANÈRE.

C'est trop fort!

MARIA-ANTONIA.

Et il veut me parler, à moi!... Qu'il entre. Ah! je
suis curieuse...

MADAME DE ROCANÈRE.

Je vous laisse.

MARIA-ANTONIA.

Non, non, je t'en prie. Tu ne me gênes pas.

SCÈNE V

Les Mêmes, VAILLANT.

VAILLANT, il salue et s'adresse à Maria-Antonia avec effusion.

Oh! madame, madame, que je suis heureux de vous voir.

MARIA-ANTONIA, froidement.

Bonjour, Vaillant. Que venez-vous chercher? Que peut-on faire pour vous?

VAILLANT, un peu décontenancé.

Pour moi, madame? mais je ne demande rien. Vous m'avez comblé au delà de tous mes vœux, de toutes mes ambitions. Cette place à Paris... cet avancement inespéré...

MARIA-ANTONIA.

Oh! je vous prie de croire que je n'y suis pour rien.

VAILLANT, stupéfait.

Comment, ce n'est pas vous, madame? Qui alors? C'est une grande faveur qu'on m'a faite et je n'avais rien demandé.

MARIA-ANTONIA.

Cherchez, éclairez-vous.

MADAME DE ROCANÈRE, souriant.

Quelque protecteur mystérieux.

VAILLANT.

Je ne connais personne et je suis tellement habitué à
tout vous devoir, madame la duchesse, que lorsqu'un
bonheur m'arrive, je ne pense jamais qu'à vous... Quand
j'ai quitté Mousseaux, avant de rejoindre mon poste à
Paris, je me suis présenté plusieurs fois au château,
mais on ne m'a pas reçu... C'était mon remords, d'être
parti sans vous remercier.

MARIA-ANTONIA.

Ne me remerciez pas, Vaillant, je suis restée étrangère
à votre nouvelle fortune.

VAILLANT.

Voilà qui est singulier.

MADAME DE ROCANÈRE, flûtant sa voix.

Peut-être mademoiselle votre fille dans ses relations
particulières...?

VAILLANT.

Ma fille !

MADAME DE ROCANÈRE, continuant.

Le père d'une jolie personne a des titres à l'avancement; c'est du droit administratif, cela !

VAILLANT, violence sourde, avec un regard de côté.

Pas chez nous, madame de Rocanère !

MARIA-ANTONIA.

Vous vivez toujours ensemble, n'est-ce pas ?

VAILLANT.

Avec Lydie ! Mais vous savez bien, madame, que je
n'ai qu'elle sur la terre et qu'elle n'a que moi... Oh !

oui, toujours ensemble, cœur contre cœur, et rien que
nous deux. Le monde devient si méchant... Ma parole,
il y a de la vipère partout!

MARIA-ANTONIA.

Mais, pendant vos heures de bureau, Lydie doit s'en-
nuyer, toute seule, à la maison.

VAILLANT.

On ne s'ennuie pas chez les humbles... ma fille
s'occupe. C'est grand comme rien notre petit ménage, mais c'est tenu, c'est coquet... ça lui ressemble.
Puis elle fait des traductions d'anglais, d'allemand ; elle
est adroite à tout, si instruite, et grâce à vous, madame,
nous ne l'oublions pas.

MARIA-ANTONIA, doucement.

Allons, tant mieux, Vaillant.

VAILLANT.

En ce moment, elle traduit pour des dames étrangères les *Mémoires* d'un homme célèbre de leur pays.
Un grand patriote, je ne sais quoi... Toujours est-il
qu'elles sont charmantes, ces personnes, pleines d'égards
avec Lydie, on vient la chercher tous les jours, on la
ramène en voiture, car ces dames tiennent à ce que la
traduction soit faite sous leurs yeux.

MADAME DE ROCANÈRE.

Vraiment! (Regard à Maria-Antonia.) Et vous les connaissez,
ces étrangères? vous les avez vues?

VAILLANT.

Non, je sais seulement qu'il y a une jeune fille à

peu près de l'âge de Lydie et qui est devenue une véritable amie pour elle.

MADAME DE ROCANÈRE.

Comment ! vous n'avez pas eu la curiosité... mais à votre place, l'idée que ma fille s'en va tous les jours, en voiture... J'aurais peur que le grand patriote me l'enlève, moi !

VAILLANT, furieux.

Il est mort, madame.

MADAME DE ROCANÈRE.

Alors !

VAILLANT.

Et puis ma fille est de celles qu'on n'enlève pas.

MARIA-ANTONIA, vivement.

Et ce mariage dont vous m'aviez parlé, il n'en est plus question ?

VAILLANT, absorbé.

Madame?... Ah ! ce mariage, non, elle ne veut plus. Je le regrette, car il s'agissait d'un brave garçon... et qui l'aime bien... mais ce qui se passe dans ces petites têtes, il n'y a qu'une maman pour le savoir, et la mère manque depuis si longtemps à la maison.

MARIA-ANTONIA, radoucie.

C'est à vous de la remplacer, Vaillant.

VAILLANT, tres troublé.

Oh ! certainement... je... excusez-moi, madame, je me sens un peu ému... Il y a comme un reproche dans vos yeux, dans votre voix, et, depuis que je suis entré, il me semble qu'on veut me faire de la peine ici... Je me demande pourquoi... Je cherche... J'ai toujours eu pour vous tant de respect, de reconnaissance, et cet accueil me change tellement...

MARIA-ANTONIA, à demi voix.

Pauvre homme ! (Haut.) Non, mon ami, rassurez-vous, personne ne vous veut de mal ici ; seulement vous êtes venu dans une mauvaise heure. Voyons, asseyez-vous là, Vaillant.

VAILLANT, s'essuyant le front.

Bien vrai, madame, vous ne m'en voulez pas ?

MARIA-ANTONIA.

Donnez-moi la main comme à votre vieille amie et dites-moi ce qui vous amène ?

VAILLANT, encore un peu troublé.

Voilà ! je suis venu... vous vous souvenez peut-être... dans le temps vous aviez fait l'abandon à la famille Caussade...

On entend deux grands coups de timbre.

MARIA-ANTONIA.

Ah ! du monde !

MADAME DE ROCANÈRE.

La corvée du jeudi.

MARIA-ANTONIA.

Passons chez moi, un moment.

VAILLANT.

Madame, je vous dérange... je reviendrai.

MARIA-ANTONIA.

Non, non, entrez, entrez! (A madame de Rocanère.) Viens-tu, Louise? (Tout bas, en montant avec elle l'escalier à gauche.) Je suis contente... il ne sait rien, le malheureux!

SCÈNE VI

HEURTEBIZE, Deux Cavaliers du 12e Chasseurs, ESTHER, LE COMTE ADRIANI, garde-noble LA MARÉCHALE.

La porte s'ouvre violemment.

HEURTEBIZE, d'une voix éclatante.

On visite!

Puis, voyant qu'il n'y a plus personne dans la salle, il s'écarte et laisse passer. Entre Esther, tenue de voyage, très coquette, face à main; derrière elle, le comte Adriani, garde-noble, en civil, pommadé, pimpant, belle moustache italienne, ayant à son bras la maréchale en deuil de veuve, à peine éclairci, long voile, petit chapeau. — Puis des figures de touristes anglais, allemands; quelques bourgeois de Tours; un vieux paysan, deux cavaliers du 12e chasseurs, en garnison dans le voisinage.

HEURTEBIZE, parlant très vite pendant le défilé.

Ceci, mesdames et messieurs, vous représente l'ancienne salle des Gardes de Catherine de Médicis, restaurée dans le style du XVIe siècle comme le donjon que nous venons de visiter. Beau plafond à compartiments, vieux meubles, tapisserie représentant un tournoi, portrait de François Ier attribué au Primatice. Essuyez vos pieds, les militaires.

PREMIER CHASSEUR, s'essuyant les pieds.

Oh! ben, mon vieux, oh! ben, la la!

DEUXIÈME CHASSEUR.

Pourquoi qu'il y a que nous qu'il faut que les es-
suyons?... C'est râre.

ESTHER, regardant autour d'elle.

Étaient-elles logées, ces reines de France, et facile-
ment belles dans un encadrement pareil! Quel dom-
mage d'admirer cela en aussi vilaine compagnie!

LA MARÉCHALE, d'une voix dolente.

Mais, ma chère Esther, puisque nous n'avions pas
d'autre moyen d'entrer.

LE GARDE-NOBLE, accent italien.

Zé ou beau dire à cé Souisse qué madame était la
veuve du feld-maréchal de Sélény, la plus grande illous-
tration d'Autrice-Hongrie, moi-même, garde-noble au
Vatican, il m'a répondu tout lé temps : « On ne visite
que par fournée. »

ESTHER, méprisante.

Par fournée! (Montrant Heurtebize.) Il est odieux, cet
homme !

LA MARÉCHALE, s'arrêtant devant le portrait de François Ier et
appelant d'une voix émue.

Esther !

ESTHER, sans s'émouvoir.

Tante Kate !

Elle s'approche.

LA MARÉCHALE.

Regarde ce portrait.

ESTHER.

Eh bien?

LA MARÉCHALE.

Tu ne trouves pas une ressemblance... avec celui que je pleure éternellement ?

ESTHER.

Mon oncle, le feld-maréchal, avec François Ier !... mais pas un trait, pas ça !

LA MARÉCHALE.

Il me semble pourtant que l'allure, le port de tête... Oh! je le retrouve partout.

LE GARDE-NOBLE, avec un gros soupir.

Pauvre dame !

HEURTEBIZE.

Ceci, mesdames et messieurs, vous représente la terrasse où Louise de Vaudémont, la femme d'Henri III, apprit... (S'élançant vers Esther qui monte les marches du premier plan.) Où allez-vous, là-bas? Ce sont les appartements privés.

ESTHER, en haut des marches, d'un air ingénu.

Il y a donc du monde au château en ce moment? Ce n'est pourtant pas la saison des villégiatures.

HEURTEBIZE.

Qu'il y ait du monde ou non, le public n'est pas admis à visiter. Descendez, je vous prie.

ESTHER, descendue, à part.

Je voudrais tant la voir, seulement la voir, croiser mon regard avec le sien.

HEURTEBIZE, revenant vers la terrasse.

... Où Louise de Vaudémont, femme de Henri III, apprit l'assassinat de son mari par Jacques Clément. Depuis, elle vint tous les jours rêver et pleurer à cette place, dans ses habits de veuve, qu'elle ne quitta plus jusqu'à sa mort.

LA MARÉCHALE, avec un sanglot.

Ah! mon Dieu! mon Dieu!

Elle se laisse tomber dans un fauteuil.

LE GARDE-NOBLE, effrayé, lui tapant dans les mains.

Ma ché... Ma ché... mademoiselle Esther!

ESTHER.

Qu'y a-t-il encore?

LA MARÉCHALE.

Ah! Je n'ai pas pu maîtriser mon émotion. Cette malheureuse reine... cette conformité d'infortune...

ESTHER.

Voyons, tante Kate, mon oncle n'a pas été assassiné.

LA MARÉCHALE.

Deuil de grand homme et deuil de roi, n'est-ce pas un peu la même chose...? L'épouse du grand patriote, du grand vaincu de Carinthie, n'est-elle pas restée fidèle, elle aussi, à son vœu d'éternelles larmes?

HEURTEBIZE, allant de la terrasse vers la galerie.

Nous passons maintenant dans la salle de musique construite par Diane de Poitiers sur la rivière. (Changeant de ton et désignant la maréchale.) Si cette personne est fatiguée et veut se reposer un instant, nous la reprendrons au retour. (Reprenant le boniment.) Vieilles boiseries, tableaux de maîtres, pupitre en fer ouvragé, rebecs et violes d'amour. Veuillez suivre, mesdames et messieurs; essuyez vos pieds, les militaires.

Sortie par la galerie.

PREMIER CHASSEUR.

Oh ben! mon vieux, oh! ben, la la!

DEUXIÈME CHASSEUR.

S'essuyer les pieds tant que ça, c'est râre!

LA MARÉCHALE, à sa nièce et au garde-noble.

Allez sans moi, je vous prie. (Elle se lève.) Je voudrais rêver et pleurer un moment sur cette terrasse douloureuse, accouder mon chagrin à la même place que la pauvre reine...

ESTHER, au garde-noble.

Restez avec elle, Pépino.

LE GARDE-NOBLE.

Ma! Z'aimerais mieux être avec vous.

ESTHER.

Naturellement, mais vous êtes le cavalier de la maréchale et pas le mien.

LE GARDE-NOBLE.

Méçante!

ESTHER.

A tout à l'heure, tante Kate! Je vous retrouverai dans votre petit pleuroir.

Elle sort par la galerie

SCÈNE VII

LA MARÉCHALE, LE GARDE-NOBLE, puis ESTHER.

LE GARDE-NOBLE, regardant s'éloigner Esther, avec des yeux flamboyants.

Cristo! Qu'elle est bella! (Baissant la voix et les paupières.) Et simpatica surtout. (Il s'approche de la terrasse où la maréchale est assise et accoudée, face au public, dans une pose sentimentale.) Madame la maréçale...

LA MARÉCHALE, d'une voix dolente et mouillée de larmes.

Cher comte!

LE GARDE-NOBLE.

Vous craignez pas de vous enrhoumer sour lé balcone! Vous seriez aussi bien pour plourer dans l'appártement... Cé soleil d'april est si traître!

LA MARÉCHALE, d'une voix naturelle.

En effet, vous avez raison, je me sentais toute frissonnante.

Se levant et entrant dans la salle.

LE GARDE-NOBLE.

La saison est oun peu prématourée pour les promenades çampêtres.

LA MARÉCHALE.

C'est un caprice de cette enfant gâtée, une visite aux

châteaux de Touraine. Si nous nous installons défini-
tivement en France, elle rêve de passer ses étés dans
une de ces demeures royales.

LE GARDE-NOBLE.

Oune vraie petite reine, mademoiselle Esther ; ma
l'entretien d'une maison comme celle-ci demande oune
grande fortune.

LA MARÉCHALE.

La sienne est considérable.

LE GARDE-NOBLE, à demi voix.

Si, si, simpatica, molto simpatica.

LA MARÉCHALE.

Les Sélény de Buda-Pesth étaient deux frères, le
feld-maréchal, mon mari, et le père d'Esther, gouver-
neur de la banque Impériale. Ils sont morts tous les
deux, il y a quelques années, laissant un double et
splendide héritage, l'un de millions, l'autre de gloire
pure. Ma nièce et moi nous en partageons la survi-
vance. Elle gère et fait valoir le bien paternel.

LE GARDE-NOBLE, avec intérêt.

Ah ! Elle fait valoir ?

LA MARÉCHALE.

Un merveilleux homme d'affaires...

LE GARDE-NOBLE, exalté.

Si, si, c'est dans le sang, ces choses-là.

LA MARÉCHALE.

Moi, je me suis vouée toute à une chère et illustre

mémoire. (Elle lui prend les mains avec effusion.) Ah! monsieur
le comte, veuve de grand homme!... Quel honneur...
mais que de devoirs... que de devoirs... A mon âge,
toute autre femme aurait droit encore au bonheur, à
l'amour.

LE GARDE-NOBLE, à demi voix.

Cristo!

LA MARÉCHALE.

Car nous autres, ce n'est pas comme vous, messieurs.
Nous commençons beaucoup plus tard.

LE GARDE-NOBLE, à mi-voix

Ça dépend desquelles!

LA MARÉCHALE.

Et nos maturités gardent des saveurs de jeunesse,
des réserves de candeur, d'expansion... On ne se figure
pas! Mais, moi, comment voulez-vous? Ce nom glorieux à porter, cette célébrité dont je suis responsable,
c'est le renoncement avant l'heure, c'est le cloître.

Elle cherche son mouchoir, mais sans lui lâcher les mains.

LE GARDE-NOBLE, un peu gêné.

Pauvre dame!...

LA MARÉCHALE.

Ou alors rencontrer un gentilhomme à l'âme géné-
reuse qui voulût bien partager la responsabilité de ma
lourde tâche et me permît de rester veuve moralement,
en prenant de moi ce que je peux en donner.

LE GARDE-NOBLE, essayant de se dégager.

Vous aurez dou mal à trouver ça!

ESTHER, qui vient de rentrer et guette toujours du côté des appartements, s'arrête près de la table. — A part.

Dire qu'elle était là tout à l'heure ! (Regardant un livre sur la table.) Ce livre, elle le lisait sans doute quand nous sommes entrés. Cette tapisserie interrompue, c'est peut-être la sienne. Je suis dans sa maison, dans sa vie (Avec énergie.) Ah ! en plein dans sa vie... et nous ne nous connaissons pas. (Petit rire.) Dieu ! que c'est drôle ! (S'approchant de la maréchale qui se mouche d'attendrissement.) Eh bien, tante Kate, nous n'avons pas fini de nous faire les yeux rouges. Voyons, il n'était pas commode tous les jours, votre héros... très brutal même, mon pauvre oncle, quelquefois, rappelez-vous. Vous alliez plaider en divorce quand il est mort.

LA MARÉCHALE.

C'est vrai, il m'a beaucoup trompée, beaucoup battue, mais c'était mon lot de femme de grand homme ; comme il me le disait lui-même : « Respect aux faiblesses d'un dieu ! »

ESTHER, distraite, les yeux tournés vers la porte de droite.

Je ne voudrais pourtant pas m'en aller sans l'avoir vue ! (Au garde-noble.) Vous l'avez connue, vous Pépino ?

LE GARDE-NOBLE.

Qui, le maréchal ?

ESTHER.

Non, madame Paul Astier, alors qu'elle était duchesse Padovani ?

LE GARDE-NOBLE.

Si, si, zé l'ai connue, il y a trois ans, quand zé vins avé l'ablégat, pour la barrette dé cardinal.

ESTHER.

Ah! oui, cette fameuse barrette... que vous avez
égarée, laissée je ne sais où...

LA MARÉCHALE, à mi-voix.

Chez une petite Parisienne rencontrée à la gare.

LE GARDE-NOBLE, avec une mine gentiment hypocrite.

C'est ounc triste aventoure... En descendant de wagon,
Monseigneur il me dit : « Pepino, porte le barrette. »
Z'avais déjà le souquetto, vous savez, la petite calotte,
ävé le barrette, ça m'en faisait deux. Alors, zé mé
souis... perdu dans ces grandes salles... et zé mé souis
plous trouvé qué lendemain matin...

LA MARÉCHALE, imitant son accent.

Sans savoir chez quelle petite dame j'avais laissé la
barrette et le souquetto.

ESTHER, distraite.

Était-elle encore jolie dans ce temps-là ?

LE GARDE-NOBLE, effaré.

La dame de la gare?

ESTHER.

Non, la duchesse...

LE GARDE-NOBLE.

Cristo! qu'elle était bella!... (Baissant les yeux.) et simpatica, surtout.

ESTHER.

Laissez donc! toutes les femmes sont pour vous belles
et sympathiques. (Elle a passé et s'est approchée de la terrasse.)

Dites donc, tante Kate, quel beau mausolée pour le maréchal !

LA MARÉCHALE.

Un mausolée, où donc ?

ESTHER, montrant l'horizon.

Là-bas, dans cette petite île verte, au milieu du Cher, co serait superbe.

LA MARÉCHALE.

Mais, mon enfant, on ne nous permettrait pas, il faudrait que la propriété fût à nous.

ESTHER.

Justement, j'ai envie de l'acheter. Il me plaît, ce Mousseaux historique. Cela m'amuserait de marcher dans les parcs de ces reines de France, de frôler ma robe aux mêmes dalles que leurs traînes de brocart.

LA MARÉCHALE, rêveuse.

En effet, une colonne commémorative qu'on apercevrait de loin : « Au grand vaincu de Carinthie. » Vois, ma chère enfant, décide !

ESTHER.

C'est tout décidé, donnez-moi une de vos cartes. (La maréchale lui passe une carte d'un noir exagéré.) Oh ! est-ce que vous n'en avez pas de moins deuil, de moins drapées ?

LA MARÉCHALE, très émue.

Jamais trop drapées...

SCÈNE VIII

Les Mêmes, HEURTEBIZE, les Deux Chasseurs, Touristes.

HEURTEBIZE, arrivant par la galerie et mettant un registre sur la table.

Mesdames et messieurs, veuillez suivre. Si maintenant quelqu'un de la société désirait s'inscrire au livre d'or de Mousseaux, voilà. On met son nom et une pensée... (Aux soldats.) ce qui vous vient.

PREMIER CHASSEUR.

Une pensée... Ah ben! mon vieux...

DEUXIÈME CHASSEUR, se grattant la tête.

C'est râre !

Attroupement autour de la table.

ESTHER.

Comment, ma tante, vous voulez...?

LA MARÉCHALE.

Ce n'est pas pour moi, mon enfant, mais partout où je puis inscrire son nom...

ESTHER, faisant signe à Heurtebize, pendant qu'on s'empresse autour de la table.

Je vous prie... un mot... Madame Paul Astier est-elle visible ?

HEURTEBIZE.

Oh ! non... Madame n'a pas reçu de l'hiver.

ESTHER.

Faites-lui donc passer cette carte ?

HEURTEBIZE, mouvement de déférence après avoir lu la carte.

Je ne sais pas... je vais voir.

ESTHER.

Dites que c'est pour acheter le château.

HEURTEBIZE, violemment.

Le château n'est pas à vendre.

ESTHER.

On m'a assuré cependant...

HEURTEBIZE, furieux.

Le château n'est pas à vendre... En voilà assez. Par
ici la sortie.

DEUXIÈME CHASSEUR, écrivant sa pensée sur le registre.

Plus que neuf cent treize jours à faire.

HEURTEBIZE.

Allons, allons ! dépêchons-nous.

On sort. Deux grands coups de timbre retentissent.

ESTHER, se ravisant à la porte, à Heurtebize.

Ah ! pardon, je n'ai pas signé !

Elle revient vers la table et se penche pour écrire sur le registre.

SCÈNE IX

MARIA-ANTONIA et **MADAME DE ROCANÈRE,** apparaissant en haut du petit escalier à gauche; **ESTHER,** penchée, écrivant sans les voir. — Au fond, **HEURTEBIZE,** trousseau de clefs à la main, s'impatientant auprès de la grande porte ouverte.

MADAME DE ROCANÈRE.

Ah ! chère amie, vous serez toujours duchesse.

MARIA-ANTONIA, descendant l'escalier.

Tu comprends, j'avais promis à ces Caussade. On a beau être ruinée, on ne manque pas à sa parole.

ESTHER, à la table, se relevant.

Voilà !...

Elle aperçoit Maria-Antonia. Les deux femmes se regardent un instant, sans parler, sans se saluer.

HEURTEBIZE, agitant ses clefs.

Par ici la sortie !

MARIA-ANTONIA, à la marquise.

Qui est-ce ?

ESTHER, remontant, triomphante.

(A part.) Eh bien ! je l'ai vue !

Mauvais petit rire. Elle sort. Heurtebize s'en va derrière elle et ferme la porte, violemment.

SCÈNE X

MARIA-ANTONIA, MADAME DE ROCANÈRE.

MARIA-ANTONIA.

Pourquoi ce mauvais regard?

MADAME DE ROCANÈRE.

Au fait, son nom doit être sur le livre. (Elle regarde et lit tout haut.) « Comtesse Esther de Sélény, Buda-Pesth. »

MARIA-ANTONIA, à demi voix.

Est-ce possible?

MADAME DE ROCANÈRE, méprisante.

Comtesse Esther!... de la noblesse de ghetto, hein?

MARIA-ANTONIA.

Sais-tu qui c'est, ça? La future madame Paul Astier.

MADAME DE ROCANÈRE.

Madame Astier?...

MARIA-ANTONIA.

Seulement, il faudra qu'ils attendent que je sois morte, et j'espère bien...

SCÈNE XI

Les Mêmes, PAUL ASTIER.

PAUL ASTIER, à gauche, debout sur le petit perron des appartements privés.

Enfin... les voilà!

MARIA-ANTONIA, tressaillant.

Ah!

PAUL ASTIER, s'avançant d'un air dégagé.

Je vous croyais chez vous, chère amie. (s'inclinant devant madame de Rocanère.) Marquise, la campagne vous va divinement. Non, c'est vrai, vous avez toutes deux des teints de fleur...

MADAME DE ROCANÈRE.

On ne vous croit plus, joli menteur. Adieu.

Elle embrasse son amie.

PAUL ASTIER.

Comment, vous partez?

MADAME DE ROCANÈRE.

Il y a deux heures que je suis là!

PAUL ASTIER.

Mais pas moi.

MADAME DE ROCANÈRE.

Adieu, adieu! (A part.) Il n'y a pas à dire, il est char-
mant.

SCÈNE XII

PAUL ASTIER, MARIA-ANTONIA.

Paul Astier, redescendant la scène après avoir accompagné madame de Rocanère
jusqu'à la porte, s'approche de sa femme et lui prend la main.

PAUL ASTIER.

Bonjour, Mari-Anto.

MARIA-ANTONIA, durement, dégageant sa main.

Bonjour, monsieur Paul Astier.

PAUL ASTIER, souriant.

Oh! oh! (Il la regarde de tout près.) Ces fiers sourcils re-
joints, ces narines frémissantes... Nous sommes donc
toujours dans nos maquis?... Elle dure toujours cette
vendetta?

MARIA-ANTONIA.

Allons, allons, mon cher, pas de grimace entre nous.
Nous sommes seuls et nous nous connaissons.

PAUL ASTIER, souriant.

Êtes-vous bien sûre de me connaître?

MARIA-ANTONIA.

Jusqu'au dégoût, jusqu'à la nausée.

PAUL ASTIER, souriant.

Je ne vous dirai pas, selon la niaise formule courante : « Vous n'êtes pas parlementaire. » Vous êtes
au contraire dans le ton, tout à fait dans le ton...
Continuez donc, je vous prie... Je vais me croire en
séance. (Il s'assied.) Ainsi, vous me connaissez à fond,
Maria-Antonia ? Et depuis combien de temps ?

MARIA-ANTONIA.

C'est vrai, je m'emporte, je m'emporte et puis je
perds tout dans mes violences. Toi, tu es calme, tu es
fort... Voyons, je vais essayer, moi aussi. (Elle s'assied.)
Depuis quand je vous connais, mon cher Paul ? Il y
aura trois ans à la fin d'octobre, dans six mois.

PAUL ASTIER, souriant.

Vous êtes précise au moins. Alors, c'est d'avant
notre mariage ?

MARIA-ANTONIA.

Oui... ce jour-là, nous nous promenions dans le
parc. (Elle montre le parc.) Vous me parliez de votre amour ;
moi, je vous racontais ma vie avec le duc, mon premier mari, et le long martyre que j'avais enduré jusqu'à sa mort. Il faisait un temps très doux, un soleil
voilé traînant sa pâle lumière sur les pelouses dégarnies. En bas, près du pavillon, nous nous sommes
assis. Et pendant que vous me disiez des phrases
tendres, tout contre vous, ma main dans votre main,
votre tête sur mon épaule ; tout à coup, à une parole...
était-ce même une parole... J'ai vu clair, j'ai compris... Ce qui vous tentait en moi, c'était ce splendide domaine, la fortune, les influences, mais rien de
la femme... Vous ne m'aimiez pas... (Sourire navré.) Vous

ne m'aimiez pas... J'ai eu là une minute horrible. Mes yeux se sont fermés comme devant la mort. Votre voix ne m'arrivait plus que très lointaine, très confuse, et j'entendais en même temps, sous la brise d'automne, les feuilles tomber dans tout le parc, les unes lentement, encore lourdes de sève, les autres furtives, légères. Autour du pavillon, on aurait dit des pas, un piétinement de foule silencieuse, une armée en déroute qui fuyait. C'était moi, tout cela, le désastre de mon beau rêve.

PAUL ASTIER.

Je vous ai si bien comprise, ma chère amie, que je suis parti le lendemain matin.

MARIA-ANTONIA, vivement.

Oui, parti pour qu'on vous coure après !... Ce que j'ai fait du reste. Eh bien ! même ce matin-là, dans cette galopade furieuse à travers champs, penchée sur le cou de ma bête, à guetter le train qui devait vous emporter, savez-vous ce que je me disais : « Tu es bien folle de tant te presser, ma pauvre duchesse ! Tu irais au pas, au tout petit pas, que tu serais encore sûre de l'atteindre, puisqu'il est ton mauvais destin, celui qu'on n'évite jamais. » Vous voyez si je vous connaissais, mon cher Paul !

PAUL ASTIER.

Toujours, je ne suis rentré ici que sur vos instances. Vous m'avez prié, supplié : « Je serai ta femme, reviens. »

MARIA-ANTONIA.

J'ai été votre femme ; j'ai donné au monde ce spectacle, l'abaissement de la duchesse Padovani en madame Paul Astier épousant son architecte, qui ne l'aimait pas. Et de tous les jours de ma vie, qui en a vu pourtant de sombres, de lamentables, aucun ne m'a étreint le cœur comme le jour de mon mariage. Vous rappelez-vous, à la mairie, cet employé me regardant, bien en face, et me disant avec un bon sourire : « Nous n'attendons plus que la mariée !... » C'était moi, la mariée !... Et à l'église donc ! Cette chapelle de la rue de Vaugirard, tout allumée, pleine de fleurs, et déserte... et le prélat mondain, en pèlerine violette, nous lisant un discours imprimé qui ne parlait que « des traditions d'honneur de l'époux, des grâces juvéniles de l'épouse ». (Rire amer.) Comme c'était trouvé ! Voyons, si je ne vous avais pas connu, me serais-je aperçue de ces choses ?... Croyez-moi, allez ! J'avais mesuré le gouffre, et je m'y suis jetée les yeux ouverts, pour ne pas manquer à ma parole.

PAUL ASTIER.

Non, Maria-Antonia ! simplement parce que vous m'aimiez... Et c'est indigne à vous de renier, de blasphémer l'amour... Tant de femmes meurent sans le connaître !

MARIA-ANTONIA.

Oui, j'ai goûté l'amour, mais je l'ai payé de cruelles souffrances... Oh ! je ne me plains pas, je n'accuse pas, je ne demande rien... Regardez seulement cette terrasse et souvenez-vous que je n'ai jamais menti. Quand je me suis réfugiée ici, il y a trois mois, aux premiers temps de mon exil et de ma solitude, tous les jours la même tentation folle de passer par-dessus la rampe et de me briser la tête, en bas, sur le perron.,. Heureusement, je suis croyante, et puis, qu'aurait dit le monde ?... A mon âge... une femme de mon rang...

ce suicide de grisette abandonnée!... Dieu aidant, j'ai pu résister, me calmer dans la nature, dans la prière, vous oublier enfin.

PAUL ASTIER, se rapprochant.

M'oublier... Est-ce que c'est possible! Deux êtres qui ont été l'un à l'autre aussi profondément que nous, peuvent-ils s'oublier jamais! Non! non! Je ne vous crois pas. Même à l'heure où vous priez, je me glisse dans vos prières; et le soir, toute seule ici, quand vous regardez les étoiles à travers vos larmes, je suis sûr que les étoiles vous parlent de moi.

MARIA-ANTONIA, frissonnante.

Ah! mon Dieu, le voilà revenu. Il va me torturer encore!... Mais laissez-la donc tranquille, cette pauvre créature, qui a tant souffert par vous!

PAUL ASTIER, de tout près, bas.

Et si je ne veux plus qu'elle souffre, si je veux réparer les peines que je lui ai causées!

MARIA-ANTONIA, se dégageant d'un effort énergique.

Ce n'est pas vrai! Ce que vous venez faire ici, ce que vous voulez obtenir de moi, je le sais, je vais vous le dire : Je vous gêne dans la vie, je suis l'escabeau qui ne sert plus et qu'on repousse d'un coup de botte! Le divorce, n'est-ce pas? (Les dents serrées.) Pour pouvoir épouser ton Autrichienne tout en or.

PAUL ASTIER, un peu surpris de la voir si bien renseignée.

Comment? Qui vous a fait ce racontar? Je me suis trouvé deux ou trois fois avec mademoiselle de Sélény à l'ambassade d'Autriche, mais jamais de la vie...

MARIA-ANTONIA.

Inutile, je suis renseignée.

PAUL ASTIER.

D'abord, ces dames ont quitté Paris.

MARIA-ANTONIA.

En effet, je viens de la voir, votre poupée. Elle est même très jolie. Malheureusement vous ne l'épouserez pas! Car ce qu'il faut bien vous mettre dans l'esprit, y enfoncer comme un clou avec un marteau, c'est que nous ne divorcerons jamais, entendez-vous, jamais! Il y a eu le scandale de mon mariage, je n'en donnerai pas d'autre. Oui, je sais, monsieur Chemineau m'a dit... Rien ne serait plus facile... Un tribunal un peu complaisant, une simple lettre à écrire... sévices et injures graves... mais je trouverais cette comédie indigne de moi... Mon cher, vos législateurs auront beau faire, le divorce n'est pas une loi, c'est une tare. Comme Française, comme chrétienne, je refuse de la subir. L'Église nous a unis, que l'Église nous sépare, brise notre mariage; mais tant qu'elle ne m'aura pas déliée de mon serment, j'en suis fâchée pour vous, je reste, jusqu'au tombeau, votre épouse très dévouée et très fidèle.

PAUL ASTIER, souriant, fort calme.

Je n'en demande pas davantage... Mon Dieu! oui, ce que je veux de vous, ce que je suis venu chercher, c'est vous-même, ma femme, que j'ai perdue et que je viens reprendre.

MARIA-ANTONIA, vivement.

Me reprendre! Pourquoi?

PAUL ASTIER.

Parce que mon compagnon me manque, parce que j'ai besoin de lui et que jamais l'appui de son dévouement intelligent et fidèle ne m'a été nécessaire comme en ce moment. C'est à votre bonté, Maria-Antonia, c'est à votre générosité de femme que je m'adresse. Revenez à Paris près de moi. Vous ne pouvez plus rester ici puisqu'on va vendre. Installons une vie nouvelle... Je suis sous-secrétaire d'État, vous l'ai-je dit ?... Obligé à recevoir, à une tenue d'existence que complique la modicité de nos ressources actuelles... nous ne pouvons nous en tirer qu'à force de raison et de bonne entente. Aidez-moi ; je suis en détresse et j'appelle !

MARIA-ANTONIA, très hautaine.

Retourner près de vous, merci bien ! pour y rencontrer vos maîtresses. (Avec un élan de fureur jalouse.) Ne mens pas ! cette Lydie y était encore l'autre matin... chez moi ! dans mon hôtel !

PAUL ASTIER.

Ceux qui tiennent pour vous et vous adressent régulièrement le journal intime de ma vie, auraient dû vous dire que cette visite a été suivie d'une signification de congé absolue et irrévocable.

MARIA-ANTONIA.

On me l'a dit... mais quoi ! Après celle-là, une autre !

PAUL ASTIER.

Je vous jure...

MARIA-ANTONIA.

Oh ! ne jure pas... je te connais !

PAUL ASTIER, il lui a pris la main.

Écoutez-moi, Maria-Antonia, j'ai gardé longtemps, trop longtemps ma houle de jeunesse... Ç'a été ma seule faute vis-à-vis de vous ; tous les chagrins que je vous ai faits sont venus de là... Aujourd'hui, apaisé, plus sérieux, plus homme... je veux en finir avec le malentendu qui est entre nous. Redevenons amis, rien que cela si vous voulez.

MARIA-ANTONIA, amère.

Certes !

Elle veut se dégager.

PAUL ASTIER, la retenant.

Soyons les deux doigts de la main, unis dans le même geste et visant le même but.

MARIA-ANTONIA, à demi vaincue.

Tous ces beaux raisonnements, je me les suis faits en nous mariant... J'en pleure encore !

PAUL ASTIER, bas, la voix très tendre.

Et plus tard, qui sait ? quand la confiance vous sera revenue...

MARIA-ANTONIA.

Tais-toi ! tais-toi ! jamais !

PAUL ASTIER, même jeu.

Mari-Anto ! Mari-Anto !... Chère âme !...

MARIA-ANTONIA, dégagée brusquement, et le ton résolu.

Ah! charmeur, qui me lis jusqu'au fond et qui restes toujours illisible!... Ainsi, c'est vrai? bien vrai? vous avez besoin de moi?... Je peux vous servir en quelque chose?... Eh bien, je suis prête à vous suivre, mon ami.

ACTE TROISIÈME

———

Chez les Vaillant.

———

Intérieur modeste et clair. Salle à manger. Porte au fond, sur une petite antichambre très claire aussi, où donne la cuisine. La nappe est mise pour le déjeuner du père Vaillant. — Un gros bouquet de muguet entre les deux couverts. Théière, tasses, viande froide. Au mur, lithographies de batailles, portraits de généraux ; pile d'assiettes et dessert de cerises sur le grand poêle de faïence.

SCÈNE PREMIÈRE

LYDIE.

Rien ne doit moins ressembler à la jolie fille en demi-peau du premier acte que cette gentille ménagère au grand tablier anglais, la jupe et les manches relevées, en train de verser son eau bouillante dans la théière. — Coup de sonnette que la jeune fille semblait attendre.

LYDIE.

Ah ! voilà !... (Elle s'élance.) Dérangez pas, mère André, j'y suis... (En passant, elle pousse la porte qui est dans l'antichambre.) Mais fermez donc votre cuisine...

Elle ouvre, fait entrer vivement un commissionnaire et referme la porte de l'antichambre derrière eux.

SCÈNE II

LYDIE, Le Commissionnaire.

LYDIE, bas.

Vous l'avez vu?

LE COMMISSIONNAIRE, même ton.

Oui, mademoiselle.

LYDIE.

Vous lui avez parlé? à lui-même?

LE COMMISSIONNAIRE.

A lui-même... devant le perron du ministère... J'ai guetté sa voiture comme vous m'avez dit, et quand il est descendu, je lui ai remis la lettre.

LYDIE.

Il l'a lue?

LE COMMISSIONNAIRE.

Guère. (Avec un geste.) Comme ça!

LYDIE.

Et la réponse?

LE COMMISSIONNAIRE.

Il n'y a pas de réponse.

LYDIE.

Bien, merci. (Elle le paye.) Bonjour... laissez, laissez,
je fermerai.

Le commissionnaire sort, laissant la porte de l'antichambre ouverte. Quand elle
s'est assurée qu'il est parti, Lydie referme la porte de l'antichambre.

SCÈNE III

LYDIE.

Pas de réponse... (Elle ferme, descend lentement à la chaise de
table et s'assied.) Il a raison. Pourquoi m'aurait-il répondu?
Que pouvait-il me dire qu'il ne m'ait déjà dit? La
duchesse est revenue, elle a repris sa place, c'est tout
simple!... La pauvre femme a assez souffert, un peu
mon tour maintenant. (Elle se lève, va chercher les tasses, les met
sur la table et vient au milieu.) Et pourtant, non, non !... il
avait de si bons yeux la dernière fois... son adieu était
si tendre... je sens là... quelque chose m'avertit... non,
ce n'est pas la fin... ce dernier coup dans le cœur dont
il faudra mourir. (On sonne. Elle essuie ses yeux et appelle.) On
sonne, mère André, allez voir.

Elle s'active à la table avec affectation.

UNE VOIX DE FEMME, dans l'antichambre.

Mademoiselle Vaillant.

LYDIE.

Cette voix !

La porte de l'antichambre s'ouvre.

SCÈNE IV

LYDIE, ESTHER, Un Valet de pied, en livrée voyante.

ESTHER, debout dans l'antichambre pendant que son domestique lui ôte son manteau.

Bonjour, vous.

LYDIE.

Mademoiselle Esther !

ESTHER, toujours dans l'antichambre.

J'aurais pu vous écrire pour vous annoncer mon retour, mais c'était trop long. En voilà des étages, jamais je n'étais monté si haut ! (Elle entre.) On s'embrasse, voulez-vous ?

LYDIE, l'embrassant et rabaissant ses manches.

Je vous demande pardon, je vous reçois dans une tenue...

ESTHER.

Mais c'est très gentil... vos cheveux relevés, ce tablier à rayures... vous avez l'air d'un roman anglais.

LYDIE.

Je suis obligée d'aider un peu au ménage; nous n'avons qu'une vieille bonne impotente, à moitié sourde...

ESTHER, montrant le valet de pied resté dans l'antichambre.

Paskéwitch lui a fait une belle peur en entrant; elle s'est sauvée dans sa cuisine... Pour qui ce joli couvert avec ces muguets sur la table? Vous attendez votre amoureux?

LYDIE.

Oh! mon amoureux...

ESTHER.

Oui, je sais, on vous a taillée à facettes dans un glaçon très pur, très clair, mais gare un jour si le dégel arrive!

LYDIE, sourire gêné.

Je n'attends que mon père pour le moment, c'est son heure.

ESTHER.

Je serai contente de le connaître, M. Vaillant. C'est un ancien militaire? (Montrant les murs.) Je vois là toutes ces batailles... ces armes!

LYDIE.

Non, mon père n'a pas servi. C'est pourtant une âme de soldat, de héros; l'honneur, l'abnégation, la discipline en personne! Mais il a manqué sa vie comme tant d'autres. Il s'en console en regardant des images. Cela ne suffit pas toujours à l'égayer. Depuis quelque temps surtout, le pauvre homme est bien songeur, bien sombre. Que voulez-vous? c'est ce désaccord éternel du rêve et de l'action, de ce qu'on a et de ce qu'on désire, qui, à la longue, décourage de vivre.

ESTHER.

Oh bien! moi, le rêve et l'action n'ont jamais fait

5

qu'un dans ma vie. J'ai réalisé tout ce que j'ai voulu,
du moins jusqu'à présent. (Regardant sur le buffet.) Elles me
tentent, vos cerises, on peut?

LYDIE.

Je crois bien!

ESTHER, croquant des cerises et marchant de long en large.

Ah! je ne sais pas ce que j'ai ce matin. Je ne peux
pas tenir en place. Je me sens des nerfs... une trépi-
dation.

LYDIE, doucement.

Qu'est-ce qu'il y a?

ESTHER, gaiement.

Rien, je suis folle, voilà tout. Oh! pas la grande folie,
pas à enfermer, non, ce que j'appelle « le jardin du
Directeur », un petit air de « tourneboulage ». Ça vous
étonne, vous si paisible, si calme.

LYDIE.

Vous avez du chagrin, dites ?...

ESTHER, après un temps.

Vous n'y entendriez rien à mon chagrin.... d'abord
c'est surtout de la colère...

LYDIE.

Eh bien, fâchez-vous, grondez...

ESTHER.

Je suis trop seule à Paris... Personne à qui me confier.

LYDIE.

La maréchale?

ESTHER.

La maréchale m'aime beaucoup, mais comment la
sortir de son urne funéraire et de ses cendres de grand
homme? Je n'ai en réalité qu'une amie, ma chère, (Lui
prenant la main) une amie, sûre, loyale, mais tellement
réservée, tellement raisonnable...

LYDIE.

Oh! j'ai l'air comme ça.

ESTHER.

On craint toujours de l'effaroucher.

LYDIE, souriant.

Et alors, ce jeune homme?

ESTHER.

Quel jeune homme?

LYDIE.

Vous me disiez dernièrement que vous aviez un sentiment très vif pour quelqu'un.

ESTHER

Très vif, en effet.

LYDIE, souriant.

Je me doute bien qui... je l'ai rencontré souvent
chez vous.

ESTHER.

Chez nous !... il n'y vient jamais.

LYDIE.

Ce n'est pas le comte Adriani?

ESTHER.

Allons donc! ce fantoche... à moi... (Avec la voix du garde-noble.) Cristo! qu'elle est bella!... Merci. Non, non, celui que j'ai choisi, celui que je veux pour maître, est un vrai maître, un de ces intrépides aux yeux durs devant qui toutes les femmes caracolent et tous les hommes se couchent comme des chiens... Ce que nous pourrions à nous deux!... malheureusement il n'est pas libre.

LYDIE.

Une liaison?

ESTHER.

Oh! ce ne serait rien, mais il est marié; un triste mariage de toute manière... ils devaient divorcer ces temps derniers, et puis, je ne sais quelle manigance, les voilà remis ensemble, réconciliés... Oh! ces Français... légers comme la paille .. j'ai appris la chose à mon retour par une ligne aux petites annonces : « Quelque temps sans nous voir; patience et confiance. » Pas un mot de plus. J'en ai pleuré de rage.

LYDIE.

Pourquoi pleurer? Patience et confiance, tout l'amour est dans ces deux mots.

ESTHER.

Je ne sais pas attendre.

LYDIE.

C'est que vous ne savez pas aimer.

ESTHER.

Je l'aime pourtant et je n'en veux pas d'autre. Il est

si bien, si correct... et ce qui me le rend plus cher
encore, c'est que je vous ai connue par lui.

LYDIE, épouvantée.

Comment... c'est donc?

ESTHER.

Paul Astier, le sous-secrétaire d'État. Vous vous rap-
pelez bien qu'un soir, à l'ambassade, quand la maréchale s'enquérait de quelqu'un pour traduire les
mémoires...

LYDIE.

Oui, oui, je me rappelle... Et il vous aime, lui aussi?
il vous l'a dit souvent?

ESTHER, riant.

Très souvent.

LYDIE.

Mais où donc?... puisqu'il n'allait pas chez vous ni
vous chez lui, je suppose.

ESTHER.

Ah! non, vous pensez; il vivait séparé, mais toujours
en surveillance... sa femme est si méchante, d'un si
odieux caractère .. à ne pas vouloir divorcer, rien que
pour empêcher notre mariage... Alors, on se cachait,
ce qui doublait le plaisir; on se rencontrait au théâtre
quelquefois, au Bois tous les matins... délicieux le flirt
à cheval, aimez-vous ça, petite?

LYDIE.

Je ne sais pas.

ESTHER

Mais oui, je suis bête!

LYDIE.

Ainsi la duchesse... (Se reprenant.) madame Astier ne se doute de rien?

ESTHER.

Du moins quand je suis partie... Figurez-vous que, pour mieux dépister l'espionnage, il avait simulé une intrigue, un roman d'amour très affiché, avec une demoiselle... de celles qu'on n'épouse pas, vous m'entendez...

LYDIE.

De celles qu'on n'épouse pas, j'entends bien. (Lui prenant nerveusement les mains.) Et vous, Esther, vous êtes sûre qu'il vous épouserait s'il obtenait le divorce?

ESTHER, avec candeur.

Il faudrait bien qu'il m'épouse, pour m'avoir.

LYDIE.

C'est vrai.

ESTHER.

Maintenant, peut-être sa femme se méfie-t-elle? Peut-être a-t-elle appris ce que cachait cette intrigue de paravent. . Toujours elle a remis la main dessus. Oh! mais je ne me rends pas... je suis une batailleuse, moi. D'abord, j'ai bien plus d'atouts qu'elle dans mon jeu. Je suis jeune, je suis riche, et tout cela, sa femme ne l'est plus.

LYDIE, s'appuyant à un meuble pour ne pas tomber.

Bien sûr, on ne lutte pas avec une rivale telle que vous.

SCÈNE V

LES MÊMES, VAILLANT.

VAILLANT, il entre le sourcil froncé, regardant derrière lui avec
défiance le grand chasseur debout dans l'antichambre.

(Entre ses dents.) Qu'est-ce qu'il fait là, ce grand esco-
griffe ?

LYDIE.

Mon père... (A Vaillant.) Mademoiselle Esther de Sélény.

VAILLANT, stupéfait, laissant voir sur son visage assombri un
épanouissement progressif.

Comment ? c'était donc vrai ?

Il se découvre vivement.

ESTHER, la main tendue.

Bonjour, monsieur Vaillant... (Elle rit en montrant l'antichambre.) Encombrant, n'est-ce pas, mon valet de pied ?

VAILLANT, lui tendant la main.

Ainsi c'est vous, c'est bien vous ! Oh ! mademoiselle !

ESTHER.

Je l'emmène pour rassurer tante Kate, à qui votre
Paris fait une peur du diable.

VAILLANT, un peu égaré.

Ah ! oui, madame votre tante... Mais que je suis donc

heureux, vous ne pouvez pas vous figurer la joie, l'ivresse!... Voyons, que je vous regarde encore.

ESTHER.

Me trouvez-vous ressemblante? Est-ce bien ce qu'elle vous avait dit de moi?

Elle montre Lydie immobile, absente.

VAILLANT.

Oui, mais j'aime mieux... on ne croit jamais les choses comme on vous les raconte.

ESTHER.

Vous savez que je vais vous reprendre Lydie. Dès demain, nous nous remettons aux *Mémoires*. (A Lydie.) Il est bien ennuyeux, hein! ma pauvre amie, le grand patriote.

VAILLANT, inquiet.

Ah! le grand patriote est avec vous?

ESTHER.

Avec nous, je crois bien. Il ne nous quitte pas d'une minute... On n'a jamais vu un défunt aussi... comment dites-vous ça en parisien?... aussi collant.

VAILLANT, riant de tout son cœur.

Mais, c'est vrai, il est mort, je n'y pensais plus, est mort...

ESTHER.

Et plus vivant que jamais. Dans l'antichambre, son chapeau, ses gants, sa canne, comme s'il était là comme s'il allait sortir... à table, son couvert mis matin et soir; vous pensez comme c'est gai cette place toujours vide, et si je suis contente quand ma chère Lydie vient prendre ses repas avec nous. Puis, partout des

bustes, des portraits, des *ex-voto*, et cela à Paris comme
à Vienne!... nous voyageons avec le matériel.

VAILLANT, très gai.

Est-elle méchante!

ESTHER.

Laissez donc; au fond, ma tante n'a jamais été aussi
heureuse que depuis son deuil. Si vous l'entendiez
quelquefois, quand nous sommes seules, quelle joie
d'enfant, que d'expansion et de belle humeur!... Seulement, pour la galerie, veuve de grand homme et surtout prisonnière de ses démonstrations. Comment
voulez-vous dire aux domestiques : « Enlevez le chapeau du défunt de l'antichambre, » ou « Feu M. le
maréchal ne déjeune pas ce matin. »

VAILLANT, riant.

En effet, c'est assez difficile... mais j'y songe, mademoiselle, vous n'avez pas les mêmes motifs que le maréchal, vous... si vous déjeuniez là, avec vos amis, à la
bonne franquette.

LYDIE, un peu confuse.

Oh! père...

ESTHER, souriant, avec une pointe de moquerie.

Merci, monsieur Vaillant!... Cela me ferait certainement beaucoup de plaisir; mais voyez-vous ma pauvre
tante en tête à tête avec son héros... Non, non, je me
sauve; à demain, ma chère, la voiture viendra vous
prendre de bonne heure.

VAILLANT, remontant la scène avec elle.

Je ne l'ai point vue en bas votre voiture... vous êtes
donc venue à pied ?

5.

ESTHER.

J'adore ça... on se retourne. J'ai mis toute votre rue du Temple en rumeur... (Au domestique.) Paskéwitch, mon manteau. (Debout sur la porte de l'antichambre et les regardant pendant qu'on lui met son manteau.) C'est égal ! je suis contente d'être venue ici ; ces deux couverts, cette petite table, Lydie avec son grand tablier, c'est un Paris que nous autres étrangers nous ne soupçonnons pas, dont vos auteurs ne nous parlent jamais. Adieu ! (Elle sort accompagnée par Vaillant jusque sur le palier.) Au revoir, monsieur Vaillant.

LYDIE, toujours immobile et à demi voix.

Cette fois, je l'ai, mon coup de couteau ; je l'ai en pleine poitrine.

SCÈNE VI

VAILLANT, LYDIE.

VAILLANT, la regardant un instant, attendri.

Lydie !

LYDIE, sortant d'un rêve.

Père !

VAILLANT, lui ouvrant les bras tout grands.

Embrasse-moi ; embrasse-le bien fort, ton vieux fou. (Il l'étreint contre sa poitrine.) Oh ! t'avoir soupçonnée, toi si droite, si simple... comme si je ne te connaissais pas... comme si tu n'étais pas au-dessus de toutes les atteintes.

LYDIE, essayant de se dégager, détournant la tête.

Mais je ne sais pas...

VAILLANT.

Je crois bien que tu ne sais pas, et jamais je n'oserai te dire les folies qui ont hanté ma pauvre tête depuis huit jours ! Moi qui prétendais remplacer la mère près de toi, te rendre cette douceur de tendresse et de protection que tu as à peine connue. Allons donc ! Est-ce qu'une mère aurait pu avoir des idées pareilles sur sa fille ? Est-ce que ça se remplace jamais une maman ! (Avec transport.) Oh ! reste, reste là encore ; et de tout près, bien bas, de peur que quelqu'un nous entende, répète après moi : Père, je te pardonne.

LYDIE.

Mais...

VAILLANT.

Si, si, je veux... répète : Père.

LYDIE, bas.

Père...

VAILLANT.

Je te pardonne...

ANTONIN, au dehors.

Parrain !

Lydie embrasse son père et se sauve dans sa chambre.

VAILLANT, joyeux.

Ah ! elle m'a pardonné !

SCÈNE VII

VAILLANT, ANTONIN.

VAILLANT.

Toi ! (Allant à lui.) Ah ! mon ami, que je suis content !

ANTONIN, à demi voix.

Et moi aussi, parrain. Où est-elle ?

VAILLANT, avec un geste.

Dans sa chambre.

ANTONIN.

C'est fait.

VAILLANT, l'entraînant à droite.

Ah ! eh bien ? on s'aligne ?

ANTONIN.

Ah ! Ouit !.. il tient à sa peau, votre M. Lortigue. Si vous l'aviez vu ! j'avais pris avec moi le grand Meunier, mon copain au laboratoire, parce qu'il a plus le... le... enfin, n'est-ce pas ? Il parlait, je faisais les gestes. Du reste, ça n'a pas été long... Sur le terrain ou signez.

VAILLANT.

Il a signé ?

ANTONIN.

Avec transport.

VAILLANT.

Allons ! il était écrit que je ne me battrais jamais...
pas même au civil... Signé sans rien changer au
moins ?

ANTONIN.

Pas une virgule, voyez plutôt.

Il lui passe le papier.

VAILLANT, moitié lisant, moitié marmottant.

« Je, soussigné, déclare que les propos tenus par moi
» à la Direction des postes, devant le personnel du troi-
» sième bureau, sur mademoiselle Vaillant et sur son
» père... mn... mn... mn... mn... et que j'ai commis
» en les proférant un mensonge et une lâcheté.
» *Lortigue.* » (Avec hésitation.) Tu trouves ça suffisant !

ANTONIN, riant.

Alors, qu'est-ce qu'il vous faut ? N'ayez pas peur,
M. Lortigue ne répétera plus que vous avez des protec-
teurs dans le ministère ! Qui est-ce, ce Lortigue ?

VAILLANT.

Un petit permuté de chez nous, passé à l'intérieur.
Je crois même qu'il est attaché au cabinet d'Astier.

ANTONIN, entre ses dents.

Il est complet, alors.

VAILLANT.

C'est égal. Dire qu'il a suffi d'un mot de cette madame de Rocanère là-bas et de quelques potins de bureau pour que je doute de mon enfant, pour que je
m'imagine un tas d'infamies dont je n'osais pas même
rechercher les preuves... Tu sais qu'elles sont charmantes ces dames de Sélény.

ANTONIN, vaguement.

Ah !

VAILLANT.

Mademoiselle Esther vient de venir, elle était là... là...
il n'y a pas cinq minutes... un peu plus elle déjeunait
avec nous... Ah ! vieux Bartholo, vieille bête, va !

La porte de la chambre s'ouvre.

ANTONIN, bas.

Prenez garde !

VAILLANT, va à Lydie et l'embrasse.

Allons! à table !

SCÈNE IX

LES MÊMES, LYDIE.

LYDIE, a quitté son tablier et séché ses yeux.

Bonjour, Antonin... Vous déjeunez?

ANTONIN.

Non, merci, c'est déjà fait.

VAILLANT, qui s'est assis.

Mets-toi là tout de même et prends une tasse de thé.
C'est sain pour toi. Avec toutes les abominations que
tu manipules, que tu respires à la journée...

LYDIE, vivement à Antonin.

On va bien chez vous?

ANTONIN.

Très bien.

VAILLANT.

J'en ai rêvé, moi de notre visite à ton laboratoire et de tout cet assortiment de mort aux rats.

LYDIE, à Antonin, très vite, intention évidente d'interrompre son père.

La maman? les sœurs ?

ANTONIN.

Tout le monde. On est à la joie, vous pensez, grâce au parrain qui nous a fait rendre l'ancien bail.

VAILLANT.

Grâce à la duchesse, mes enfants... Est-ce drôle que je ne peux pas l'appeler autrement?... (A Antonin.) Tu as vu, elle est revenue à Paris, le ménage est ressoudé.

ANTONIN.

J'ai vu.

Il regarde à la dérobée Lydie qui s'active à servir.

VAILLANT.

On parle dans les journaux d'une grande fête de charité à l'hôtel Padovani. Ils vont partout ensemble; l'autre jour à une chasse à courre chez les Brétigny, on a fait à la duchesse, comment dit-on... Ah! les honneurs du pied !

ANTONIN, bas et furieux.

C'est à son mari qu'on aurait dû les faire, les honneurs du pied.

Il esquisse un geste avec sa botte.

VAILLANT, qui rit tout en mangeant.

Tu lui en veux toujours!... Tout de même... c'est

quelqu'un ce Paul Astier. Tu as lu hier son discours à la Chambre? Il ne phrase pas celui-là... quoique fils d'académicien. Il va droit à son affaire.

ANTONIN.

Oui, un de nos jolis strug lifeurs.

VAILLANT.

Tu dis.

ANTONIN.

Strug lifeurs, ou Struggle for lifeurs, c'est le nom qu'Herscher, dans son dernier livre, donne à cette race nouvelle de petits féroces, à qui la bonne invention de la lutte pour la vie sert d'excuse scientifique pour toutes sortes de vilenies.

VAILLANT.

C'est pourtant la loi de nature, comme il nous disait l'autre jour.

ANTONIN.

Oui... la loi des forêts et des cavernes. . mais nous n'en sommes plus là, Dieu merci! L'homme s'est mis debout depuis le temps, il a inventé le feu, la lumière, la conscience et la vie morale, il a fait peur aux fauves.

VAILLANT.

Mange donc, petite...

ANTONIN.

Maintenant les fauves se revengent. Les entendez-vous gronder, se déchirer autour de l'écuelle?

VAILLANT, à Lydie.

Mâtin, comme il parle.

ANTONIN.

Certes, ce n'est pas le grand Darwin que je mets en
cause, mais les hypocrites bandits qui l'invoquent, ceux
qui d'une observation, d'une constatation de savant,
veulent faire un article de code et l'appliquer systématiquement. Ah! vous les trouvez grands, vous les trouvez forts, ces gens-là! Et moi je vous dis que ce n'est
pas vrai. (Il frappe sur la table, ses lunettes tombent, il les essuie.) Rien
de grand sans bonté, sans pitié, sans solidarité hu-
maine. Je vous dis qu'appliquées, ces théories de Darwin sont scélérates, parce qu'elles vont chercher la
brute au fond de l'homme et que, comme dit Herscher,
elles réveillent ce qui reste à quatre pattes dans le
quadrupède redressé.

VAILLANT, la bouche pleine.

Pourquoi n'as-tu pas répondu ça à M. Paul Astier.
quand nous étions chez lui?

ANTONIN.

Ah! pourquoi!... Parce que je suis un timide, un
pauvre bègue intermittent, parce que les mots ne me
viennent qu'après, trop tard, ou à flots, à bouillons,
avec une impétuosité qui les empêche de sortir. Ce
n'est pas de ma faute : j'ai vu trop jeune des choses
trop terribles. J'avais quinze ans quand on nous a rap-
porté le père, un soir à la maison... vous vous rappe-
lez, parrain... J'en ai gardé plus de six mois un tremblement des muscles de la bouche. Aujourd'hui, je ne
tremble plus, mais je bégaye encore, surtout quand je
parle sous le coup d'une émotion.

VAILLANT, attendri, se tournant vers sa fille.

Tu entends ça, petite... Ce qui lui vient du cœur, il
n'a jamais su bien le dire, le pauvre enfant.

ANTONIN.

Oh! devant cet homme, l'autre jour, me parlant de mon bien-aimé, avec cette désinvolture... « le pauvre M. Caussade n'avait pas la taille des affaires. » N'avoir pas pu trouver une parole... rien que la peur de pleurer et l'envie folle de lui envoyer ma main fermée dans la figure. Cela, oui, j'aurais été capable de le faire.

VAILLANT.

Alors, selon toi, Paul Astier...

ANTONIN, remettant ses lunettes.

Paul Astier, avec sa jaquette à la taille, et sa moustache au petit fer, Paul Astier, l'homme d'État, Paul Astier, l'homme du monde, est bien de la lignée des deux gredins dont le beau livre que je vous prêterai vient de nous raconter l'histoire.

Lydie se lève brusquement et sort par le fond.

VAILLANT.

Où vas-tu, chérie? appelle donc la bonne.

LYDIE.

Je reviens, père.

SCENE X

ANTONIN, VAILLANT.

VAILLANT.

Elle est un peu nerveuse, elle aussi... c'est dans l'air de chez nous aujourd'hui, tu devrais en profiter.

ANTONIN.

En profiter?

VAILLANT.

Oui... depuis votre explication, il y a trois mois, vous n'avez plus reparlé de rien?

ANTONIN.

De rien. Et je suppose que ses intentions sont toujours les mêmes.

VAILLANT, avec un bon sourire.

Je ne le pense pas. Je la regardais tout à l'heure pendant que tu parlais. Essaye pour voir. Je vais vous laisser seuls, tu es en veine d'éloquence, hardi, là !.. Tâche de la décider, et si c'est oui, passe au bureau pour me le dire. Je serais si heureux, je rêve ce mariage depuis si longtemps ! Surtout ne bredouille pas... nom d'un chien!. . pas de le... le... enfin, n'est-ce pas ?... Et puis si tu m'en crois... (Posant sa tasse et lui ôtant ses lunettes.) Tu es bien mieux sans tes lunettes. (Jetant sa serviette et appelant d'une voix de clairon.) Fillette !

LYDIE, entre avec un plat couvert.

Voilà, père !

VAILLANT.

Mais, sapristi ! mon enfant, regarde l'heure, notre belle visite m'a mis en retard, je file vite au bureau.

LYDIE.

Comment, tu ne veux pas ?...

VAILLANT, prenant des cerises sur le buffet.

Rien qu'une poignée de cerises que je croquerai dans l'escalier comme un vieux gamin. Toi, finis de déjeuner, mignonne, tu n'as rien mangé. Antonin te tiendra compagnie. Justement, il a quelque chose à te dire... quelque chose que je contresigne des deux mains.

Il lui envoie un baiser, sort en fredonnant et referme la porte sur eux.

Aime-moi, la belle,
Et je t'aimerai...

SCÈNE XI

ANTONIN, LYDIE.

Ils sont debout en face l'un de l'autre.

ANTONIN, sourire triste.

Ne vous effrayez pas, Lydie.

LYDIE.

Je sais que vous n'avez rien à me dire, mon ami ; nous nous sommes expliqués une fois pour toutes, mais moi, j'ai un service à vous demander.

ANTONIN.

Dites.

LYDIE.

Je vais partir pour un long voyage... mon père n'en sait rien... Ce soir, en rentrant, il trouvera ici une lettre lui apprenant l'endroit où je suis allée, et pourquoi...

ANTONIN.

Y songez-vous, Lydie?.. Partir! quelle tristesse pour ce pauvre homme dont vous êtes toute la vie!

LYDIE.

Oui, oui, mais il le faut! N'essayez pas de m'attendrir. J'ai assez de peine, il le faut. Ce que je vous demande, c'est d'être près de lui quand il aura la nouvelle, de ne pas le laisser seul... Vous me le promettez?

ANTONIN.

Je vous le promets.

LYDIE.

Merci.

Un silence.

ANTONIN, sans la regarder.

C'est loin où vous allez?

LYDIE.

Très loin.

ANTONIN.

C'est pour longtemps?

LYDIE.

Oh! très longtemps.

ANTONIN.

Et lui, est-ce qu'il part avec vous?

LYDIE, surprise, le regardant.

Lui?

ANTONIN, bas.

Oui, je comprends... il viendra vous rejoindre... Paul Astier!...

LYDIE.

Vous savez donc?... c'est connu de tout le monde,
n'est-ce pas?

ANTONIN.

Vous m'avez dit que vous en aimiez un autre, j'ai
cherché! D'ailleurs, il ne se cachait guère. (Violemment.)
Mais enfin, ce départ est donc indispensable?

LYDIE.

Indispensable.

ANTONIN.

Aujourd'hui?

LYDIE.

Aujourd'hui.

ANTONIN.

Et pour quelle heure?

LYDIE.

Dans un moment.

ANTONIN, regardant autour de lui.

Vos bagages sont prêts?

LYDIE, sourire navré.

J'ai tout ce qu'il me faut.

ANTONIN, après un silence.

Voyons, puisque vous vous en allez seule.. voulez-
vous que je prévienne maman? Voulez-vous qu'elle
vous accompagne? Elle comprend tout, celle-là!... Elle
a eu tant de misère!

LYDIE, les dents serrées.

Non, non, merci... besoin de personne.

ANTONIN.

Laissez-moi au moins vous conduire jusqu'à la gare ?

LYDIE.

Je vous en prie, non.

ANTONIN, avec effusion.

Je suis votre ami pourtant.

LYDIE.

Et un noble esprit... et un grand cœur ! j'aurais dû... j'aurais voulu... mais il est trop tard... j'ai passé à côté de mon bonheur sans le voir... j'y songeais là, en vous écoutant. (Un silence, puis avec élan.) Ah ! oui, vous avez raison, cet homme est un scélérat. Il m'apparaît bien tel qu'il est, maintenant... Comme il s'est servi de moi, comme il m'a salie, brisée... Et je l'aime encore...

ANTONIN, très ému.

Oui, quand on aime, c'est cela... tout à fait cela. On a beau voir, savoir, se répéter les choses... le, le... enfin, n'est-ce pas ? (Sanglot.) on aime encore...

LYDIE, très émue.

Adieu, mon ami, je compte sur vous !

Il fait un signe : Oui, et sort précipitamment.

ACTE QUATRIÈME

Premier tableau

La chambre de Paul Astier. — Cabinet de toilette, à droite, grand
ouvert, à demi visible. — C'est le soir, lampes et appliques allumées

SCÈNE PREMIÈRE

CHEMINEAU, STENNE, puis LORTIGUE.

(SCÈNE MUETTE)

Chemineau en habit, cravate blanche, allongé sur le divan, lit un journal à la
lumière d'une applique. Stenne, le petit domestique, va et vient sans bruit,
de la chambre au cabinet de toilette, allume le gaz où chauffe la bouillotte, va
voir l'heure à la petite pendule Louis XVI de la cheminée. Il a sur les bras,
l'habit noir, le gilet de son maître qu'il pose avec précaution au dos d'un
fauteuil.

STENNE.

Le patron est bien en retard, monsieur Chemineau.

CHEMINEAU, regardant la pendule.

Oui, sept heures et demie. Il n'y avait pourtant pas
séance à la Chambre, aujourd'hui !

LORTIGUE, entrant précipitamment, tenue de soirée, un programme
à la main.

Personne encore ?

STENNE.

Personne.

LORTIGUE, sans voir Chemineau.

Effrayant! Tout le monde du dîner est là, ministres et ministresses, l'Académie, les ambassades, il ne manque plus que le maître de la maison et... (Ton de blague) notre incomparable romancier.

CHEMINEAU, toujours allongé.

Quel romancier?

LORTIGUE.

Tiens! vous voilà, vous?... Mais Herscher! c'est le clou de la soirée. Il doit lire des fragments de son nouveau livre.

CHEMINEAU.

« *Deux jeunes Français de ce temps!* » Mâtin, ce n'est pas folichon.

LORTIGUE.

Justement! La note moderne... tout ce qu'il y a de plus moderne... Nous avons des programmes illustrés par Montégut et Rochegrosse. (Lisant.) « Grande fête de charité à l'hôtel Padovani, au bénéfice de l'Œuvre des petites muettes. »

CHEMINEAU, du divan.

Voyons?

LORTIGUE.

Une idée de génie, elle est de moi, cette exhibition du romancier à la mode, un homme qui ne va nulle part. Aussi, nous avons placé plus de cinq cents billets à quarante francs!

6

CHEMINEAU.

Quarante francs pour voir un romancier!... C'est payé.

LORTIGUE.

Ah! et pour l'entendre... Il doit lire dans la serre.

CHEMINEAU.

Vous êtes du dîner?

LORTIGUE.

Moi? du dîner, de la fête, je suis de tout... Et vous?

CHEMINEAU.

Moi, de rien.

STENNE, remontant la lampe.

Parce que vous n'êtes pas de Nîmes.

Il sort.

SCÈNE II

LORTIGUE, CHEMINEAU.

LORTIGUE, s'approchant du divan.

Dites donc, maître Chemineau... (Il rit.) C'est singulier que j'ai toujours envie de vous conjuguer, comme un verbe latin : Chemino, je chemine, cheminas...

CHEMINEAU, flegmatique.

Cheminabo, je cheminerai.

LORTIGUE, poussant une petite chaise près du divan.

Vous en avez bien la tête d'un qui cheminera... (Enfourchant la chaise et à demi-voix.) Voyons, gros malin, qu'est-ce qui se passe ici?

CHEMINEAU.

Ici? Comment voulez-vous que je le sache? c'est vous qui me renseignez.

LORTIGUE.

Ils étaient ruinés, on allait tout vendre, et puis on ne vend rien. Séparés, à la veille d'un divorce, les revoilà maintenant en pleine lune de miel. Quels sont les vrais dessous? Ma curiosité est légitime, remarquez bien.

CHEMINEAU.

Certes.

LORTIGUE.

Car enfin, s'il y a dislocation du ménage, il s'agit de se trouver sur le côté le plus solide.

CHEMINEAU.

Bédam !

LORTIGUE.

Évidemment le patron mijote un coup... mais quoi?

CHEMINEAU.

Mais quoi?

LORTIGUE, la voix encore baissée.

Entre nous, je le trouve faiblard, dans cette circonstance.

CHEMINEAU.

Heu !...

LORTIGUE, imitant Chemineau.

Heu!... A sa place, il y a longtemps que, d'une façon ou d'une autre, j'en aurais fini avec mon crampon.

CHEMINEAU.

D'une façon ou d'une autre?...

LORTIGUE, l'œil mauvais.

Parfaitement! (Il se lève et marche.) Mais les hommes de votre génération, ceux de trente à quarante, même les plus forts, sont encore empêtrés d'un tas de superstitions et de scrupules.

Il allume une cigarette.

CHEMINEAU.

Quel âge avez-vous donc, Lortigue?

LORTIGUE.

Vingt-trois ans. Comme dit mon maître Astier, je suis du bateau qui vient tout de suite après le vôtre, vous pousse et vous chasse...

CHEMINEAU.

Alors, sur ce bateau-là, plus de préjugés?

LORTIGUE.

Des colis? n'en faut pas!

CHEMINEAU.

Il n'y a plus rien?

LORTIGUE.

Rien de rien!

CHEMINEAU.

Et le gendarme?

LORTIGUE.

Le gendarme!.. Oui, à la rigueur, si vous voulez... Quoique, au fond, le gendarme de maintenant...

CHEMINEAU.

Eh! j'en ai une peur bleue, même de celui-là. Ah! s'il n'y avait pas de gendarme...

LORTIGUE.

Je vous le disais bien, les superstitions des gens de votre bateau. Parce que vous ne marchez pas, comme moi, avec Berckeley!...

CHEMINEAU.

Berckeley?

LORTIGUE.

La doctrine écossaise... Rien n'existe, le monde est une fantasmagorie! Le principe admis, on peut tout se permettre; cela n'a pas la moindre importance. C'est ma théorie, je vous la prête, si vous voulez.

CHEMINEAU.

Merci, fameux! Je ne dis pas qu'à l'occasion...

SCÈNE III

LES MÊMES, PAUL ASTIER, STENNE.

PAUL ASTIER, entrant très agité, suivi du petit domestique qui lui prend son chapeau, son pardessus, sa canne.

Chemineau est là?

CHEMINEAU, se levant.

Présent! (Pliant son journal.) Au rapport, comme d'habitude.

6.

LORTIGUE, jetant vivement sa cigarette.

Mais arrivez donc, cher maître... Tout le monde est
au salon.

PAUL ASTIER, brutal.

Allez voir un peu si j'y suis, vous, au salon.

LORTIGUE, enchanté.

Mais comment donc!...

Il sort en frétillant.

PAUL ASTIER, à Stenne.

Tout est prêt ?

STENNE.

Oui, m'sieur.

PAUL ASTIER.

Va... je m'habillerai seul...

STENNE, sur la porte.

Coup de fer ?

PAUL ASTIER.

Oui... non... Peut-être. Je te sonnerai.

Stenne sort.

SCÈNE IV

PAUL ASTIER, CHEMINEAU.

PAUL ASTIER, debout, furieux, déboutonnant et retirant sa jaquette.

Quand je te dis que l'amour est une triste affaire...
Est-ce qu'elle n'a pas essayé de s'empoisonner !...

Il lance sa jaquette sur le lit.

CHEMINEAU.

Qui donc ?... Ta femme ?

PAUL ASTIER.

Ah ! ouat... (Il déboutonne son gilet.) ma femme !... Lydie, la petite Vaillant. (Il arrache sa cravate et la jette.) Un miracle ! Je passe avenue Gabriel... Je vois de la lumière au rez-de-chaussée.

CHEMINEAU.

Ta garçonnière ?

PAUL ASTIER.

J'entre, mon cher, et dans les fleurs, dans l'éclairage, tout le tremblement des jours de grande séance, je la trouve en train de s'envoyer *ad patres*... « Je suis venue mourir chez nous. »

CHEMINEAU.

Charmante !

PAUL ASTIER.

Me vois-tu, dans ma situation, avec cette histoire sur les bras ! (Il retire son gilet et le jette sur le lit.) Deux minutes plus tard, ça y était.

CHEMINEAU.

En voilà une affaire !

PAUL ASTIER, le linge chiffonné, l'air tragique, les manches relevées sur ses robustes bras nus.

C'est qu'elle y tenait, la mâtine... Il a fallu se battre lui arracher la mort d'entre les dents... et encore je ne suis pas sûr qu'elle en réchappe ! C'est qu'elle en a bu une vraie goutte, et pas du poison pour rire. (Fouillant dans sa poche et en retirant un petit flacon rose.) Strychnine, aconitine, je ne sais quoi, tout ce qu'elle a pu trouver de mieux chez son Antonin...

Il dépose le flacon au bord d'une table à droite, entre dans son cabinet et verse l'eau.

CHEMINEAU.

Antonin?... Ah! oui, le... le... enfin, n'est-ce pas? Le potard!...

PAUL ASTIER, *se retournant tout en se lavant la figure.*

Parfaitement...

CHEMINEAU, *s'approchant et regardant la fiole, les mains derrière le dos, comme s'il craignait d'être mordu.*

En effet, ça a l'air sérieux, cette tisane-là. (*Il tend le nez, flaire et se détourne.*) Drôle d'idée, tout de même... il faut aimer rudement un homme... As-tu de la veine! .. mais as-tu de la veine!... Et comment t'en es-tu tiré?

PAUL ASTIER, *rentrant, le cou et les bras nus qu'il essuie.*

Un vrai tour de force! D'abord le médecin, les drogues, les larmes. Puis, en moins d'une heure, j'ai pu la consoler et la reconsoler, lui prouver clair comme le jour que je n'aimais qu'elle au monde, qu'elle n'avait qu'à rentrer bien sagement chez petit père. Et tout le temps, cette idée qui ne me quittait pas : vingt-cinq personnes à dîner chez moi.

Il rentre dans le cabinet et jette sa serviette.

CHEMINEAU.

Sapristi! tu es fort!... Moi, de penser à ces vingt-cinq personnes, ça m'aurait coupé l'appétit.

PAUL ASTIER.

Malheureusement...

CHEMINEAU.

Malheureusement?...

PAUL ASTIER, il revient en polissant ses ongles.

Elle avait laissé une lettre chez elle.

CHEMINEAU.

Bigre!

PAUL ASTIER.

Des adieux touchants à son père, et il est à craindre
que le vieux, en rentrant...

CHEMINEAU.

Est-ce qu'elle t'a nommé?

PAUL ASTIER.

Pas de danger! Elle m'aime trop!

Il repasse dans la toilette.

CHEMINEAU.

En voilà des émotions! On doit vivre double dans ces
moments-là... Ah! il ne risque pas de m'en arriver
autant, à moi, avec ma vie de cheval d'omnibus... entre
le Palais et l'étude du père Boutin. Et puis, moi, les
femmes ne me prennent pas au sérieux!... Je ris, je
plaisante, et, comme tu dis, la passion ne plaisante
jamais. J'ai bien essayé, parbleu! d'après ta méthode,
de la faire avec elles au sentiment, à la vibration...
Mais je ne peux pas, il y a toujours un moment où je
m'échappe... C'est Paris qui est cause de ça, ce rire-là
s'attrape en naissant, dans l'air du boulevard, et on ne
peut plus s'en défaire après. Maintenant, peut-être
qu'avec des étrangères... car, en définitive, les femmes
ne sont pas toutes les mêmes... c'est comme pour le

poisson, on en prend avec du blé, on en prend avec de
la cerise... Qu'est-ce que tu en penses, Paul? Crois-tu
pas que pour une étrangère, cette façon d'aimer, à la
parisienne, en chineur, en rigoleur?...

PAUL ASTIER, du cabinet de toilette.

Étrangères ou non, les femmes ne mordent qu'à la
romance!

CHEMINEAU.

Est-il fort, le mâtin!... Dis donc?

PAUL ASTIER.

Hein?

CHEMINEAU.

Sais-tu que si tu écrivais tes mémoires, ils seraient
autrement intéressants que ceux du grand maréchal!

PAUL ASTIER.

Quel maréchal?

CHEMINEAU.

Le maréchal de Sélény, le glorieux vaincu de Carinthie. Seulement ça ne serait pas toujours facile à illus-
trer. La petite Vaillant... mais que va-t-elle dire en rentrant, la malheureuse? que va-t-elle pouvoir inventer?

PAUL ASTIER, revenant, pantalon noir, plastron blanc, chemise fine,
dont il boutonne les manchettes.

Ah! tu comprends... je l'ai mise en voiture... pas bien
d'aplomb, tu penses... reconduite jusqu'au coin de
sa rue, puis, ma foi : « Tu es femme, tu sais mentir,
débrouille-toi, ma fille! » Et me voilà.

CHEMINEAU, respirant.

Ouf!...

PAUL ASTIER.

Maintenant, parlons de choses sérieuses, tu as vu ces dames ?

Il allume une petite lampe à esprit-de-vin sur la table.

CHEMINEAU.

Déjeuné avec elles ce matin, comme tous les jours. Ce soir, je les accompagne à la représentation de gala à l'Opéra... Beaucoup parlé de toi...

Il est remonté et prend une chaise au fond.

PAUL ASTIER.

Naturellement.

Il chauffe son petit fer à moustaches.

CHEMINEAU.

J'entretiens le feu sacré, tu penses! (Redescend.) Mais je ne te cache pas que mademoiselle Esther n'est pas très contente... Elle trouve que c'est long, que ça tire, que ça tire...

PAUL ASTIER, frisant ses moustaches.

Ah! mon ami, c'est affreux, je n'arrive pas.

CHEMINEAU.

Pas possible! Joséphine résiste à Napoléon?

PAUL ASTIER.

Elle change d'idée tous les jours... Elle veut, elle ne veut plus. Ce qui gâte tout, c'est qu'elle a vu Esther; elle la trouve trop jolie.

CHEMINEAU.

Elle veut, elle ne veut plus; ça, c'est la faute de ton secrétaire, qui te trahit comme toujours... Comment peux-tu garder ce Lortigue près de toi ?

PAUL ASTIER, *gravement.*

Je le garde... (Il éteint sa petite lampe.) Je le garde parce que rien n'est plus rare qu'un homme déterminé et que rien n'est plus précieux, à l'occasion.

Il boutonne son plastron de chemise.

CHEMINEAU.

Pour déterminé, il l'est... Si tous ceux de son bateau lui ressemblent, nous en verrons de belles. Un bateau où il n'y a plus rien, ni bon Dieu, ni gendarme !... Encore, nous autres, sans croire absolument aux vieilles institutions, nous savons qu'elles sont là. C'est comme une rampe d'escalier, on s'en sert rarement, mais ça rassure; tandis que ces petits bon-hommes, fin de siècle... En attendant, toi, mon bon, tu fais des bêtises. Pour plaire à ta femme, tu as remis la vente de Mousseaux, c'est bien ! je recule, je recule. Il faudra payer pourtant. Puis, tu la laisses gaspiller vos derniers sous. Cet abandon de la rente Caussade, ces fêtes, ces réceptions. .

PAUL ASTIER, *les dents serrées, achevant de nouer sa cravate.*

Oui, tout pour lui plaire ! J'ignore si j'y réussis, mais je sais bien que, moi, j'ai une farouche envie...

Geste furieux.

CHEMINEAU, *souriant.*

De t'en débarrasser. .

PAUL ASTIER, *tapant sur le coin de la table.*

Dire que j'ai là, sous la main, une occasion unique...

CHEMINEAU, *effrayé.*

Sous la main ?

Il regarde le petit flacon rose, se lève précipitamment.

PAUL ASTIER, mettant son gilet.

Sans doute...

CHEMINEAU, tout bas, pour lui seul.

Le poison?

PAUL ASTIER.

... Esther de Sélény.

CHEMINEAU.

Ah! oui... Esther de Sélény... Tu m'as fait peur...

PAUL ASTIER.

Quoi donc?

CHEMINEAU.

Rien, rien... Certes, oui, l'occasion est superbe... Seulement, prends garde, tu as des concurrents sur la piste, et pas mal cotés.

PAUL ASTIER.

Qui, par exemple?

CHEMINEAU.

Le comte Adriani.

PAUL ASTIER.

Pepino! Allons donc... Nous lui donnerons la tante Kate...

CHEMINEAU, vivement.

Ah! mais non... Elle est pour moi la tante Kate, je l'ai retenue.

PAUL ASTIER.

Comment?

CHEMINEAU.

Je t'assure, j'y arrive... et contrairement à ta théorie

que les femmes n'aiment pas le rire, c'est par le rire,
celle-là, que je l'ai prise... sans doute à cause de son
grand deuil.

PAUL ASTIER, rire jaune.

Tiens ! tiens ! Voyez-vous ce Chemineau !

CHEMINEAU, modeste.

Chemino, je chemine, cheminabo...

PAUL ASTIER.

Tu me dis toujours que je suis fort, mais il me
semble...

CHEMINEAU, l'aidant à passer son habit.

Dame ! mon cher, la lutte pour la vie... Struggle for
life ! Je lutte, moi aussi... pour l'étude du vieux Boutin. D'ailleurs ça ne t'entame pas, la fortune d'Esther
reste intacte, et ne vaut-il pas mieux que tu m'aies pour
oncle et dans la maison... je t'aiderai à y entrer... C'est
que, crois-moi... plus dangereux que tu ne penses, le
jeune garde-noble... Tu ne l'as pas encore vu, en uniforme ?... très galbeux !... et toujours là, ne lâchant
jamais... Ainsi, ce soir, il doit nous rejoindre à l'Opéra.

PAUL ASTIER.

Mais il dîne ici.

Fouillant dans les poches de sa jaquette.

CHEMINEAU.

Il filera de bonne heure, va!

PAUL ASTIER.

Je l'en défie !... On lui apprendra la politesse.

CHEMINEAU.

Enfin, tu es averti, tâche d'aller vite, il n'est que temps !

PAUL ASTIER, avec colère.

Eh ! je le sais bien.

CHEMINEAU.

Te voilà prêt, je m'en vais.

PAUL.

Attends. Deux mots sur ma carte pour Esther.

CHEMINEAU, le regardant, pendant qu'il écrit, en habit, le pied sur une chaise.

Tout de même tu es plus gentil comme ça... pas l'air commode tout à l'heure en manches de chemise ; c'est étonnant comme le vêtement vous retape un monsieur !... presque de la morale, une cravate blanche. (Près de sortir.) Dis donc, Paul ?

PAUL ASTIER.

Hein ?

CHEMINEAU, montrant le flacon.

Ne laisse pas traîner ça !

PAUL ASTIER.

Quoi ?

CHEMINEAU, toujours son même geste furtif.

A demain.

Il sort.

PAUL ASTIER, seul, habillé, tout prêt, debout devant la petite table.

Ah ! oui, ça... (Surpris, comme halluciné.) Pourquoi est-ce là, ça ?... Comment est-ce venu ?... Je n'ai rien fait pour l'avoir, c'est bien trop dangereux, ces machines-là, chez soi!... (Songeant.) Il a fallu que cette petite fille... Curieux, comme rencontre. (Prenant le flacon.) Quelque chose de prompt, de sûr, et qui ne laisse pas de trace... Alors!... (Bas, presque chuchoté.) Quelques gouttes dans un verre d'eau et je serais libre!... (Violemment.) Non! non! Jamais! jamais! jamais!

Il a le geste de jeter le flacon et s'arrête en entendant la voix de sa femme.

SCÈNE VI

LE MÊME, MARIA-ANTONIA.

MARIA-ANTONIA, elle est entrée, l'écoute et le regarde depuis un instant, parée, décolletée, de la poudre sur les cheveux.

Eh bien, Paul, voyons!

PAUL ASTIER, tressaillant, puis tout de suite droit et poli.

Voilà, chère amie. (Il a fermé sa main sur le flacon qu'il glisse dans la poche de son gilet, puis marchant vers sa femme, à laquelle il offre le bras.) Tiens, vous vous poudrez, maintenant?

MARIA-ANTONIA, le fixant, la voix lente et profonde.

Pour que la transition soit moins brusque, quand le monde me verra avec les cheveux de mon âge.

Elle lui a pris le bras et ils sortent.

Cinquième Tableau.

Salon-fumoir à l'hôtel Padovani. — C'est le soir après le dîner; par les hauts vitrages du fond, on voit les invités de la soirée se rendant dans le jardin couvert où doit avoir lieu la lecture.

SCÈNE PREMIÈRE

LORTIGUE, PAUL ASTIER, LE DUC DE BRE-TIGNY, LE GARDE-NOBLE, en grand costume rouge et or, et quelques autres convives du dîner, achevant leur café et fumant. Cigares et liqueurs sur une table et sur une servante.

LORTIGUE, sur le devant à gauche, savourant un petit verre et un cigare, regarde dans le fond vers Paul Astier.

Décidément, il a quelque chose, ce soir, le patron ! Jamais je ne l'ai vu si absorbé. Pas dit trois paroles de tout le repas, un homme toujours si maître de lui... Bigre de bigre ! Est-ce que le ministère sauterait ! (L'air ingénu.) Déjà !

SCÈNE II

LA COMTESSE DE FODER, puis MARIA-ANTONIA et la MARQUISE DE ROCANÈRE.

LA COMTESSE DE FODER, l'accent étranger, appelant.

Monsieur Lortigue !

LORTIGUE.

Comtesse ?

LA COMTESSE DE FODER.

Mais où est donc notre cher maître ? je ne le vois
pas.

LORTIGUE.

Quel maître ?

LA COMTESSE DE FODER.

Le maître de tous les maîtres !...

LORTIGUE.

C'est l'illustre romancier que vous cherchez ?

LA COMTESSE DE FODER.

Oui, je voudrais être présentée... j'étais trop loin de
lui, à table.

LORTIGUE.

Mais, M. Herscher vient de passer dans la serre. On
l'installe pour sa lecture.

LA COMTESSE DE FODER.

Oh! Mettez mon fauteuil tout près... que je le voie
bien... Je suis folle de cet homme-là.

LORTIGUE.

Écoutez, je veux bien vous présenter, mais à une
condition...

Il lui dit tout bas quelque chose de vif. — Elle remonte.

PAUL ASTIER, redescend la scène et s'assied à droite de la table.

Lortigue !

LORTIGUE, arrivant vite près de lui.

Monsieur ?

PAUL ASTIER, très nerveux.

Vous avez bien dîné? Les chaud-froids étaient bons?

LORTIGUE, étonné.

Mais, monsieur, comme d'habitude, tout m'a paru excellent.

PAUL ASTIER.

Tant mieux! C'est le dernier repas que vous ferez à la maison, je ne suis pas fâché que vous vous en alliez content.

LORTIGUE, sourire blafard.

Ah ! vous me.., je suis démissionnaire?

PAUL ASTIER.

Vous vous y attendiez bien, voyons. Depuis un an que je vous regarde manœuvrer... (Il se lève.) Vous êtes un sot, monsieur Lortigue!... C'était moi, le côté solide; c'est avec moi qu'il fallait être. J'aurais fait votre fortune en même temps que la mienne. Vous ne l'avez pas compris, tant pis pour vous !

LORTIGUE.

Mais...

PAUL ASTIER.

Allez, allez! Nous finirons de régler ce petit compte tout à l'heure.

Il remonte.

LORTIGUE, à part.

Ah ! nous finirons... Il paraît que ce n'est pas fini? Il me tient, les exigences vont commencer. On va me demander des affaires sérieuses. Toupet de Nîmes, attention !

Il fait un pas, le garde-noble l'arrête au passage.

LE GARDE NOBLE, montrant madame de Foder qui parle dans le fond
avec Maria-Antonia et madame de Rocanère.

Monsieur le secrétaire, pardon... Qui c'est, cette petite dame qui vous causait, il y a un moment? Je l'avais en face de moi, à dîner.

LORTIGUE.

Comtesse de Foder, étrangère pour hommes célèbres.

LE GARDE-NOBLE.

Pour hommes célèbres... esclousivement?

LORTIGUE.

Hélas... Rien à frire, monsieur le comte, nous n'en tenons que pour M. Herscher.

LE GARDE-NOBLE.

Zé comprends pas l'engouement que toutes ces femmes ils peuvent avoir pour ce moussou. Il n'est pas beau, il n'a pas de costoume... Cez nous, c'est rien du tout un homme comme ça.

LE DUC DE BRÉTIGNY, s'approchant du garde-noble.

Ah monsieur, cela me soulage de vous entendre parler ainsi. Votre main... encore. (Étonnement du garde-noble.) Le duc de Brétigny, de l'Académie française, auteur de...

LE GARDE-NOBLE.

Si, si, simpatico, molto simpatico.

LE DUC, se posant pour conférencer.

Quand je pense que dans ce salon qui fut pendant vingt ans le premier salon académique de Paris, j'ai entendu, au bénéfice du même orphelinat, l'illustre Astier Réhu (A Paul toujours distrait.), votre père, mon cher Paul, nous lire son *Essai sur Marc-Aurèle*.

LORTIGUE, qui s'est approché, bas.

Pas dû faire beaucoup d'argent, l'*Essai sur Marc-Aurèle*.

LE DUC.

Et que ce soir, M. Herscher, l'auteur de ce livre épouvantable, où l'on voit deux jeunes faquins assassiner une laitière...

PAUL ASTIER, l'air absent.

Que voulez-vous, mon cher duc, Maria Antonia y a tenu.

LE DUC.

Vraiment, je ne la retrouve plus, ma parfaite amie!... Remarquez que j'étais à sa discrétion, qu'elle pouvait me demander un fragment de mes *Argentiers au XII*e *siècle...*

Ils remontent.

LORTIGUE, qui les suit.

Pas encore beaucoup d'argent, cette affaire-là.

LA COMTESSE DE FODER, descendant avec madame de Rocanère.

Moi, ma chère, ce qui m'a saisie, surtout, dans ce chef-d'œuvre, c'est la scène rue Mazarine, la rupture de ce jeune misérable et de la femme qu'il aimait, ce baiser d'adieu, dans la pluie, sur le trottoir, quand on leur a refusé la clef de leur bouge.

MADAME DE ROCANÈRE.

Oh! ce livre, moi, je l'ai lu toute la nuit, c'était bon comme une piqûre de morphine. Dire que c'est arrivé, tout cela! Bien plus amusant qu'un roman.

7.

LA COMTESSE DE FODER.

Oh ! je voudrais passer une nuit dans ce garni !

LORTIGUE, ton de blague froide.

Tiens, c'est une idée ! Nous pourrions peut-être ar-
ranger cette partie-là...

Il continue à parler bas à madame de Foder qui se détourne.

LE DUC DE BRÉTIGNY.

Ma parole d'honneur, elles sont toutes folles !

MARIA-ANTONIA, s'approchant du groupe et s'asseyant à droite de
la table.

Moi, je reproche une chose à M. Herscher; il a ou-
blié de parler des mères. Car enfin, ils ont eu une
enfance, ces malheureux dont il raconte la triste histoire. Ils on eu des berceaux, ils ont eu des mères
qui se penchaient pour les regarder dormir. « Qu'est-ce
qu'il sera, quand il sera grand ? » Et elles les voyaient
riches, aimés, honorés... Elles ont tout rêvé pour eux,
excepté l'abomination qui devait être. (Regardant Paul tou
jours absorbé.) Ah ! la pauvre mère de Caïn.

LE DUC DE BRÉTIGNY.

Vous oubliez, ma chère amie, qu'un grand poète
avait déjà magnifiquement parlé de cette mère. C'était
sacré, ce monsieur n'avait plus le droit d'y toucher.

MARIA-ANTONIA.

Victor Hugo, c'est vrai, je me rappelle.

Déclamant.

Ils pleuraient tous les deux, aïeux du genre humain,
Le père sur Abel, la mère sur Caïn !

LORTIGUE, qui rentre après une courte sortie, à Maria-Antonia.

Madame, tout le monde est là. M. Herscher demande
s'il peut commencer.

MARIA-ANTONIA, à Brétigny.

Votre bras, mon cher duc.

Elle prend le bras de Brétigny et sort par la gauche, suivie des autres convives.

LE GARDE-NOBLE, se dégageant, à la marquise de Rocanère
qui lui a pris le bras.

Escousez-moi, marquise, ma zé pouis pas assister à la
lectoure. Zé souis attendou à l'Opéra.

Il s'esquive doucement par la droite, tandis que madame de Rocanère sort
à gauche, au bras d'un autre invité.

LA COMTESSE DE FODER, à Lortigue dont elle prend le bras.

Et placez-moi bien, vous savez, tout près de lui !

PAUL ASTIER, à Lortigue.

Conduisez madame à son fauteuil et revenez ici me
parler.

Lortigue et la comtesse sortent par la gauche. Paul Astier sort précipitamment
par la droite sur les pas du garde-noble dont il a suivi tout le jeu. Plus personne en scène. Applaudissements au lointain.

SCÈNE III

PAUL ASTIER, LE GARDE-NOBLE

PAUL ASTIER, rentrant avec le garde-noble qu'il pousse devant lui.

Mais non, mais non, mon cher Pépino, ce n'est pas
possible !

LE GARDE-NOBLE, se défendant.

Ma, mon ami, zé vous ai dit... Zé souis attendou à la soirée de gala à l'Opéra pour ma pétite combinazione.

PAUL ASTIER.

Voyons, et notre grand romancier, vous ne voudriez pas lui faire cet affront?

LE GARDE-NOBLE.

Oh! vous savez, moi... les romanciers, les romans...

PAUL ASTIER.

Oui, vous préférez les combinazione.

LE GARDE-NOBLE, riant.

Si, si...

PAUL ASTIER.

Alors, mademoiselle Esther vous attend à l'Opéra ?...

LE GARDE-NOBLE.

C'est convénou !

PAUL ASTIER.

Et vous comptez enlever l'affaire, grâce à votre uniforme ?

LE GARDE-NOBLE, riant.

Précisément !... N'en dites rien.

PAUL ASTIER, effilant nerveusement sa moustache.

Elle est jolie, n'est-ce pas ?

LE GARDE-NOBLE, les yeux comme des pommes.

Cristo ! qu'elle est bella !

PAUL ASTIER.

Simpatica, surtout.

LE GARDE-NOBLE, qui allait le dire, étonné.

Si... si... simpatica!... zé mé lé pensais en même temps.

PAUL ASTIER.

C'est pour vous éviter la peine de le dire... (Subitement, très sérieux.) Écoutez-moi, maintenant. Vous avez vu mes cartons de tir chez Gastine?

LE GARDE-NOBLE.

Si.

PAUL ASTIER.

Vous m'avez vu aussi fonctionner sur la planche, pointe et contre-pointe ?

LE GARDE-NOBLE.

Cristo !

PAUL ASTIER.

Vous savez que j'ai eu dix duels... tous très heureux... pour moi ! Ceci posé et bien entendu, je vous défends de faire la cour à mademoiselle de Sélény.

LE GARDE-NOBLE.

Ma...

PAUL ASTIER.

Je vous défends d'aller la trouver ce soir à l'Opéra.

LE GARDE-NOBLE.

Ma...

PAUL ASTIER.

Et vous prie de gagner vivement la place d'honneur qui vous est réservée dans nos salons.

LE GARDE-NOBLE.

Ma... zé...

PAUL ASTIER.

Car la refuser serait me faire affront et, sous les vingt-quatre heures...

LE GARDE-NOBLE.

Dio santo !

PAUL ASTIER.

Il faudrait m'en rendre raison.

LE GARDE-NOBLE.

Mon essellent ami... pas moins...

PAUL ASTIER.

Allons, rentrez là... vite !

LE GARDE-NOBLE.

Ma foi, mon cer Paolo, z'aurais pas été en ouniforme, zé mé serais rendu à vos bonnes raisons... d'autant qué cé romancier est un homme tout à fait çarmant et qué, dé ma natoure, z'aime pas beaucoup les bataglia... Ma, zé zouis en tenoue, en grande tenoue, et per l'honnor de l'habit qué zé porté...

Il fait un pas vers le fond.

PAUL ASTIER, terrible.

Alors, vous partez ?

LE GARDE-NOBLE.

Hé !...

PAUL ASTIER.

Prenez garde, Pépino! je vous saignerai comme un petit poulet.

LE GARDE-NOBLE, doucement.

Heu! Povérino... zé lé sais qué trop... (Souriant.) Ma, comprénez (Coiffant son casque d'un geste résolu.) l'ouniforme!...

Il sort.

SCÈNE IV

PAUL ASTIER, seul.

Pas mal... seulement trop de nerfs, trop impressionnable... Il n'avait plus une goutte de sang dans les veines... il ne sera pas plus pâle après-demain quand je lui aurai mis trois pouces de fer sous la peau. Ce n'est pas encore celui-là qui me gênera dans ma route. (Geste de colère.) Ah! si le reste était aussi facile!

SCÈNE V

PAUL ASTIER, LORTIGUE, il entre par la gauche, au fond, et vient à droite de la table.

PAUL ASTIER, tressaillant.

Ah! c'est vous. (Un temps. Il le regarde jusqu'au fond des yeux, va pour lui parler, puis s'arrête.) Non... rien... rentrez!

Lortigue souriant et regardant les deux issues.

LORTIGUE.

Je... rentre, ou je sors?... Car vous n'oubliez pas que je suis démissionnaire...

PAUL ASTIER.

Rentrez! nous verrons plus tard.

Lortigue sort par le fond, à gauche.

SCÈNE VI

PAUL ASTIER, seul; puis MARIA-ANTONIA.

PAUL ASTIER, à demi voix.

Qu'allais-je faire? Cette chose que je n'ose pas m'avouer à moi-même, la confier à... Est-ce que je dors?... Est-ce que je deviens fou?... Paul Astier! Paul Astier!... (Mâchonnant les mots.) ...angoisse!... torture!... ça m'attire et je n'ose pas... Je n'oserai jamais...

MARIA-ANTONIA, entrant par la gauche, toute faible et défaite, parlant à la cantonade.

Non, je vous en prie, laissez, laissez... ce n'est rien...

Elle se laisse aller sur un siège bas, près de la table, feignant de ne pas voir Paul Astier.

PAUL ASTIER, s'approchant.

Qu'y a-t-il?

MARIA-ANTONIA, faux étonnement.

Tiens, vous êtes là, vous aussi!... En voilà des maîtres de maison!

PAUL ASTIER.

Est-ce qu'on est maître de maison quand on reçoit
une cohue pareille et que les fauteuils se payent deux
louis... Vous êtes souffrante?

MARIA-ANTONIA, s'éventant.

Oh! peu de chose, un malaise... Cette lecture... l'émotion de ces scènes cruelles... si saisissants l'histoire de
ce crime, le supplice de ces deux jeunes bandits...
Ouvrez la fenêtre, voulez-vous?

PAUL ASTIER, allant vers la fenêtre à droite.

Quelle idée aussi!...

Il ouvre.

MARIA-ANTONIA.

Ah! c'est bon.

Elle s'évente à grands coups.

PAUL ASTIER, revenant.

Faire lire chez vous de telles horreurs!

MARIA-ANTONIA.

Des horreurs, qu'en savez-vous? Vous n'avez pas lu...
(Souriant.) et je vois que vous n'écoutez guère.

PAUL ASTIER.

Merci! je n'aime pas ce genre de littérature pour
dames... (Entre ses dents.) une histoire d'assassins.

MARIA-ANTONIA.

On connaît vos goûts littéraires. Tous les hommes
d'action sont ainsi... Vous préférez madame de Genlis :
les Veillées du Château, par exemple.

PAUL ASTIER.

Le livre de ce monsieur, ce sont les veillées du bagne.

MARIA-ANTONIA.

Je vous trouve difficile, mon ami... Sonnez donc, je vous prie et faites-moi donner un verre d'eau... (Un temps.) Eh bien?

PAUL ASTIER, immobile, comme terrifié.

Vous dites?...

MARIA-ANTONIA.

Un verre d'eau glacée. Cela achèvera de me remettre. Sonnez donc, le timbre est près de vous.

PAUL ASTIER.

Non, j'y vais...

Il sort précipitamment par la droite. — Un temps.

MARIA-ANTONIA, qui se penche sur la table et le guette par la porte entr'ouverte.

(A part, la voix navrée.) Oh! la pauvre mère de Caïn... (Haut, avec un bon sourire à Paul qui revient portant le verre d'eau.) Vous me servez vous-même, c'est gentil. (Montrant la table.) Posez ça là... mais vous tremblez, mon ami... comme vous êtes pâle!... Cette croisée, peut-être?...

Mouvement pour se lever.

PAUL ASTIER, bas.

Non, merci.

MARIA-ANTONIA, toujours assise.

Ainsi, ce livre d'Herscher ne vous intéresse pas? (Applaudissements au lointain.) Il y a pourtant là dedans certaines pages comme le chapitre du piège, cette prise de possession de l'homme par le crime... On sent que ce doit être vrai. Vous ne trouvez pas? (Elle prend le verre. Paul se détourne. Elle va boire, puis s'arrête.) Vous êtes sans doute comme Brétigny, qui prétend que des choses pareilles ne se voient que dans les bas-fonds et que la société, la vraie, la nôtre, est à l'abri de ces monstruosités ! Moi, je ne suis pas de son avis. Nous avons eu quelques beaux crimes dans le grand monde.

Elle porte le verre à ses lèvres.

PAUL ASTIER, vivement.

Maria !

MARIA-ANTONIA.

Mon ami !

Elle le regarde, attend une parole et de nouveau approche de sa bouche le verre.

PAUL ASTIER.

Ne bois pas !

Il veut prendre le verre. Maria-Antonia l'écarte doucement.

MARIA-ANTONIA.

Pourquoi? J'ai soif!

PAUL ASTIER.

Jette ça... je veux... je t'en prie... jette.

MARIA-ANTONIA, qui s'est levée brusquement sans abandonner le verre, toujours posé sur la table.

Tu n'as donc pas le courage d'aller jusqu'au bout ? Tu n'es donc pas un homme fort ? C'était pourtant bien combiné. Il arrive tous les jours qu'une personne d'âge meure subitement en pleine fête mondaine. L'audace même de ton crime te couvrait... Et tu t'arrêtes juste au bord. Tu t'émeus pour si peu, tu trembles, tu te bouleverses. Il fallait m'envoyer Lortigue... Il n'aurait pas tremblé, lui !

PAUL ASTIER, bas, bégayant.

Mais je ne comprends pas... J'ai craint que cette eau glacée... vous fît mal... et...

MARIA-ANTONIA.

Misérable!... C'est que je te guette, va! Et il y a longtemps!... Je savais bien que tu en viendrais là, je croyais même que ce serait plus tôt... Ah! tu as lutté, je t'ai vu. La peur, un reste de tenue, ce plastron empesé sur la poitrine, qui vous tient lieu d'honneur à vous autres... Puis, tu n'as pas pu résister, parce que tu es un méchant, que tu n'as pas de pitié, enfin parce que la tentation était trop forte et que le vertige t'a pris. Dis donc encore qu'il n'existe pas, ce vertige du crime. Tu l'avais dans les yeux, tout à l'heure, devant ta glace. Avant même de voir ton geste, glissant le flacon dans ta poche, là, j'avais deviné. Je me suis dit: C'est pour aujourd'hui!...

PAUL ASTIER.

Quelle folie! en voilà assez... Jette ce verre et rentrons.

MARIA-ANTONIA, écartant le verre qu'il veut prendre et se mettant
entre la table et son mari.

Vraiment!... Et si j'appelais, moi, si j'ouvrais ces portes toutes grandes, monsieur le sous-secrétaire d'État... si je criais: Venez voir, voilà l'homme!

Sa voix s'est montée, en parlant.

PAUL ASTIER, épouvanté.

Maria!...

MARIA-ANTONIA, baissant la voix.

Je l'ai tiré de la misère et de la boue, je l'ai fait ce

qu'il est, tout ce qu'il a lui vient de moi... Je lui ai
sacrifié mon nom, ma fortune, payé toutes ses dettes...
Elle m'a coûté plus cher que Mousseaux, la restauration de ce gentilhomme!... Et maintenant que je n'ai
plus rien, qu'il m'a tout pris, pour me remercier de ce
que j'ai fait, en prix de mon amour et de mes ten-
dresses, voici ce qu'il m'apporte à boire... la mort!... la
mort à moi qui lui ai donné plus que ma vie.

PAUL ASTIER, farouche, croisant les bras.

Eh bien! faites, appelez!... Vous figurez-vous que j'ai
peur? (Bas et tout près d'elle.) Mais comprends donc, malheureuse femme, que si j'en suis venu là, c'est toi,
c'est ta faute. Pourquoi t'es-tu acharnée? Pourquoi me
barrer la route? Il fallait que je saute ou que je t'é-
crase. J'ai manqué mon coup, tant pis pour moi!
Appelle, mais appelle donc, qu'est-ce qui te retient?

MARIA-ANTONIA.

Oui, oui, tu es fort, tu es brave, tu es sûr que je ne
dirai rien. Tu ne t'es pas trompé, tiens!... Voilà! (Elle
fait un pas vers la croisée et jette le verre. Revenant vers lui.) Tu
voulais divorcer, c'est fait!... En finir avec moi, tu y
es arrivé!... Il n'y a plus d'épouse ici, plus d'amante,
rien qu'une mère, une triste mère en cheveux gris,
prête à tous les mensonges, à toutes les hontes, pour
t'épargner, à toi, la honte suprême, pour que tu ne sois
pas un assassin. Et tu le serais, tu l'es déjà! Tu as
hésité une première fois, mais à la seconde tu n'hésite-
rais plus; et tu te ferais prendre, car on est toujours
pris. Alors, ce serait comme dans cette horrible histoire qu'Herscher est en train de lire, tu connaîtrais les
terreurs que ces deux misérables ont connues, ces remords, ces angoisses, cette agonie de sang. Et peut-être

que de la tourbe immonde entourant ton supplice, une voix te crierait comme à l'autre : « Bravo, Paul Astier ! » parce que tu aurais tenu la tête droite jusque sur l'échafaud... (Cachant sa figure dans ses mains.) Toi sur l'échaf... Jamais ! jamais !

PAUL ASTIER, lui prenant la main d'un geste brusque, l'effleure d'un baiser, en courbant la tête comme une bête traquée. Tout bas.

Pardon ! pardon !

MARIA-ANTONIA, se détournant pour cacher ses larmes.

Oh ! moi, toujours pardon, mais c'est la vie qui ne pardonne pas... Oh ! sois bon, sois bon, sois honnête ; tu ne sais donc pas que tout se paye, pauvre enfant, tout se paye !... tout !

ACTE CINQUIÈME

A Mousseaux, dans l'Orangerie. — A droite et à gauche, files d'orangers et de citronniers ; porte à gauche ; tout le fond large ouvert sur une vaste cour d'honneur sablée, au bout de laquelle se dresse une des ailes du château. Dans un coin à gauche, un clavecin, une viole ancienne, tentures, tout un lot de pièces adjugées. Au milieu de la serre, un grand panier avec des piles de livres par terre. Des armes sur une chaise. Désordre et désarroi d'une vente. Une table au fond entourée de chaises. — Une heure de l'après-midi. — Belle lumière de septembre.

SCÈNE PREMIÈRE

HEURTEBIZE, Garçons Jardiniers

HEURTEBIZE, très animé.

La table à l'entrée pour le notaire! Bien. (Regardant à droite.) Les fauteuils de ces dames... Bon! Emportez-moi ce panier. Vous mettrez encore quelques chaises de ce côté. Nous en avons manqué hier. Il vient tant de monde à cette vente.

SCÈNE II

LES MÊMES, VAILLANT.

Il est debout dans le fond, les traits changés, creusés, un crêpe à son chapeau.

HEURTEBIZE, rangeant ses chaises.

Tiens! monsieur Vaillant! Vous voilà vers chez nous? Il y a du temps qu'on ne s'était vu.

VAILLANT, redescendant la scène.

Eh oui! mon père Heurtebize. (Aux jardiniers qui le saluent.) Bonjour, bonjour. (A Heurtebize toujours occupé.) J'ai vu que votre vente avait lieu, je suis venu flâner une journée par ici, essayer de décrocher quelque souvenir, un débris de cette chère maison où mon enfant a été si heureuse.

HEURTEBIZE, toujours à son installation.

Oh! vous venez tard, monsieur Vaillant. C'est déjà le cinquième jour. Aujourd'hui, on finit les armes, accessoires de chasse... puis on vendra l'écurie, peut-être les orangers, si on a le temps. (Entrent des hommes dans le fond.) Ah! voilà les marchands de Paris, la bande des vautours. (Criant aux marchands qui essayent le clavecin.) Eh! là-bas, ne touchez rien, tout ce coin est adjugé...

VAILLANT.

Et le château, est-il vendu?

HEURTEBIZE.

Oui... le château est vendu; les nouveaux proprié-taires sont déjà installés, en camp volant, dans le pa-villon Médicis. (Baissant la voix.) Deux étrangères, très riches... ça ne vaudra pas notre pauvre madame.

VAILLANT.

Oh! oui, pauvre madame!

HEURTEBIZE.

Ç'a été son malheur, ce mariage. Enfin, c'est fini, paraît-il. La voilà divorcée...

VAILLANT.

Et retirée à Ajaccio. On voit tout de même de drôles

de choses dans ce temps-ci... Vous restez, vous, Heurtebize?

HEURTEBIZE, guettant du monde qui arrive par le fond.

J'espère, M. Chemineau m'a dit qu'on me gardait.

VAILLANT.

Chemineau? L'homme d'affaires de...

HEURTEBIZE.

Oui, c'est lui qui est chargé de la liquidation de l'ancien ménage et, je ne sais pas comment ça se fait, il est au mieux avec les nouveaux acquéreurs. (Criant.) Pas par ici. Ces fauteuils sont réservés. (Il s'élance à droite, vers mesdames de Rocanère et de Foder, qu'accompagne le garde-noble. Saluant en reconnaissant la marquise.) Par là, madame de Rocanère, si vous voulez bien.

SCÈNE III

LES MÊMES, LA COMTESSE DE FODER, LA MARQUISE DE ROCANÈRE, au bras de laquelle s'appuie le GARDE-NOBLE, marchant lentement avec une canne. Derrière ce groupe, le notaire est entré et s'installe à sa table avec son clerc, puis peu à peu du monde qui vient pour la vente.

MADAME DE ROCANÈRE, pendant que madame de Foder cause avec le notaire. Elle traverse la scène, ainsi que le garde-noble qu'elle guide lentement.

Comment êtes-vous, cher comte?

LE GARDE-NOBLE.

La tête mé tourne un peu... Ma zé mé tiens... zé mé tiens.

MADAME DE ROCANÈRE.

Quand je vous disais que l'air de Rocanère achèverait de vous guérir.

LE GARDE-NOBLE, langoureux.

Et vos petits soins, marquise... Et le vieux vin de Vouvray de cet excellent marquis...

MADAME DE ROCANÈRE, tendre.

Chose singulière! Je vous ai soignée et je me suis guérie. Je ne me fais plus de piqùres de morphine.

LE GARDE-NOBLE, s'asseyant péniblement à gauche, une chaise sous ses pieds.

C'est ce monstre de Paul Astier qui m'en a fait oune dé piquoure. Cinq mois sur le flanc, poverino! (Langoureux.) Et vous n'étiez pas là, Louise!

MADAME DE ROCANÈRE.

Chut!

LA COMTESSE DE FODER, s'approchant.

Eh bien! le notaire m'a dit le nom des nouvelles châtelaines de Mousseaux, mesdames de Sélény.

LE GARDE-NOBLE, mouvement.

Hé!...

LA COMTESSE DE FODER.

Deux Hongroises... une très jolie.

LE GARDE-NOBLE.

Cristo! qu'elle est bel...

MADAME DE ROCANÈRE, sévèrement.

Vous la connaissez, Pepino?

LE GARDE-NOBLE, les yeux baissés, l'air hypocrite.

Oun peu.

LA COMTESSE DE FODER.

Mais ce n'est pas tout, voici ce qu'on raconte. Il paraît que Paul Astier, sitôt les délais légaux, épouserait la demoiselle.

LE GARDE-NOBLE, avec un cri.

Eh! la voilà, ma combinazione! C'est lui qui l'a faite... (Se levant.) Voyons oun peu ce notaire ce qu'il dit.

LA COMTESSE DE FODER.

Eh bien! qu'est-ce qu'il lui prend?

La marquise et elle suivent le garde-noble vers le fond.

HEURTEBIZE, s'essuyant le front, revenu vers Vaillant toujours sur un banc, absorbé, les yeux à terre.

Et les affaires, monsieur Vaillant! Ça va comme vous voulez?... Toujours dans les postes?

VAILLANT.

Non, plus. J'ai démissionné depuis la mort de ma fille.

HEURTEBIZE.

Ah! mon Dieu! Votre fille, cette belle enfant?... C'est vrai, moi qui ne voyais pas tout ce noir sur vous. Je vous demande bien pardon. Mais comment ce malheur est-il arrivé?

VAILLANT.

Est-ce qu'on sait?... L'air de Paris était mauvais pour elle. Elle est rentrée un soir, malade... Elle a traîné deux mois, et puis... et puis... (Bas, en se levant.) Oh! connaître le bandit qui me l'a tuée...

HEURTEBIZE.

Mademoiselle Lydie! si bonne, si douce... nous l'adorions à la maison... Je me rappelle, quand elle a quitté le château, le jour de sa terrible scène avec madame. (Mouvement de Vaillant.) Elle est arrivée chez nous encore toute tremblante.

VAILLANT, stupéfait.

Une scène avec madame?... avec la duchesse?

HEURTEBIZE, plus bas.

Mais oui, vous savez bien... Quand madame les a surpris, tous deux.

VAILLANT, furieux.

Tous deux?

HEURTEBIZE.

Mais avec son mari, donc!

LE NOTAIRE, appelant.

Heurtebize!

HEURTEBIZE, vivement, regardant dans le fond.

Monsieur le notaire... voilà!...

Il remonte vers la table du notaire.

VAILLANT, cri étouffé.

Paul Astier... C'était lui! (Seul sur le devant de la scène.) Oh! maintenant, tout s'éclaire... Ma nomination à Paris; l'accueil de la duchesse, la dernière fois... Elle a dû me croire complice de ces infamies!... Oh! oui, oui, c'était

bien le nom que mon enfant m'a caché jusqu'à la fin,
le nom sur lequel ses dents se serraient dans l'agonie...
Paul Astier!... Voyons, voyons... (Regardant sa montre.) Cinq
heures pour rentrer à Paris... (Un pas.) Que je perde mon
nom de Vaillant si, ce soir, ma fille n'est pas vengée !

HEURTEBIZE, revenant vers lui.

Monsieur Vaillant, vous savez ce que je viens d'apprendre?... il est ici!

VAILLANT.

Paul Astier?... Qu'est-ce qu'il vient faire ici?

HEURTEBIZE.

Dame! Il n'est plus propriétaire du château, mais
toujours député de l'endroit, et comme le moment des
élections approche...

VAILLANT, presque souriant, mais terrible.

Ah! il est ici!... Où est-il descendu?

HEURTEBIZE.

Mais au Lion d'Argent... Il n'y a que ça dans le pays.

VAILLANT.

Merci, j'y vais.

Il sort par la gauche.

HEURTEBIZE, regardant au fond.

Attention!... les patronnes.

Il s'écarte.

8.

SCÈNE IV

LES MÊMES, LA MARÉCHALE, ESTHER, CHEMINEAU, UN VALET DE PIED.

Riches toilettes d'été, ombrelles éclatantes. La maréchale en rose, redescendant la scène au bras de Chemineau. — Esther s'est arrêtée à l'entrée et parle au notaire qui salue debout. A gauche, mesdames de Foder et de Rocanère regardent avec curiosité, surtout du côté d'Esther. Le grand valet de pied précède ces dames portant un coussin pour les pieds de la maréchale.

LA MARÉCHALE, tendre et dolente, à Chemineau.

Ah! mon ami, que de sacrifices je vous fais! Vous me l'arrachez du cœur, morceau par morceau, mon pauvre grand homme.

CHEMINEAU, épanoui.

Sans trop de douleur, voyons.

LA MARÉCHALE.

Une fois, c'est son chapeau qui disparaît de l'anti-chambre.

CHEMINEAU, riant.

Je confondais toujours avec le mien.

LA MARÉCHALE.

On ne lui met plus son couvert!

CHEMINEAU, bon enfant.

Il n'arrivait jamais à l'heure.

LA MARÉCHALE.

Et voilà que j'ai quitté mes voiles de veuve, que j'avais juré de porter éternellement.

CHEMINEAU.

Allons, avouez que vous vous sentez plus légère. Le rose vous va si bien ; et puis, enfin, nous allons nous marier...

LA MARÉCHALE.

Ah ! taisez-vous, Ferdinand.

CHEMINEAU.

(A part.) C'est pourtant vrai que je m'appelle Ferdinand ! Haut.)... je ne pouvais pas vous épouser en veuve Artémise.

LA MARÉCHALE.

C'est égal ! De temps en temps vous me le laisserez reprendre, n'est-ce pas ?

CHEMINEAU.

Le deuil ?

LA MARÉCHALE.

A certaines dates commémoratives... Ainsi l'anniversaire de Carinthie, sa défaite glorieuse.

CHEMINEAU, gaiement.

Comment donc ! mais je le prendrai le deuil, moi aussi, ces jours-là... Qu'est-ce que ça me fait ? D'abord, pour un avoué, le noir est réglementaire.

LA MARÉCHALE.

Et les *Mémoires*... Les *Mémoires* de mon héros ? Vous voudrez bien que je m'en occupe ?

CHEMINEAU.

Nous nous en occuperons tous deux. Il est un peu à moi aussi, votre héros. Très bons comme rapport, les *Mémoires* d'un grand homme. Je ferai comme ici, je surveillerai la vente.

Il l'installe dans un des fauteuils de droite, lui met aux pieds le coussin que porte le domestique.

ESTHER, redescendant en scène, en riant.

Ah! ah! C'est très amusant!

CHEMINEAU.

Quoi donc?

ESTHER, montrant le garde-noble devant qui madame de Rocanère s'est assise et tient obstinément son ombrelle pour l'empêcher de regarder Esther

Le comte Adriani est là... On le cache, on lui a sans doute défendu de venir nous saluer...

CHEMINEAU.

Écoutez-donc... Il sait ce que ça lui a coûté la dernière fois, de venir vous saluer... à l'Opéra.

ESTHER.

Tiens! C'est vrai... (Appelant Heurtebize qui cause dans le fond.) Eh! là-bas, Chose! (Elle appelle encore.) Chose!

HEURTEBIZE, s'approchant et se découvrant.

Je m'appelle Heurtebize, mademoiselle.

ESTHER, très hautaine.

Vous vous appellerez comme je voudrai, ou l'on ne vous appellera plus du tout... Allez me chercher le livre de Mousseaux, le livre où les étrangers s'inscrivent.

Heurtebize salue et sort.

LA MARÉCHALE, troublée.

Que veux-tu faire de ce registre, mon enfant?

ESTHER.

Rien, une fantaisie...

Paul Astier apparaît dans le fond. Mouvement d'attention et de curiosité.
A ce moment, le fond de l'Orangerie est rempli de monde de toute sorte.

SCÈNE V

LES MÊMES, PAUL ASTIER.

Il est un peu pâle, très correct, la tête haute. Il salue à droite et à gauche, dit
un mot au notaire, à sa table, en passant.

MADAME DE ROCANÈRE, à gauche.

Oh! c'est trop fort.

LA COMTESSE DE FODER.

Quoi donc?

MADAME DE ROCANÈRE.

Paul Astier, ici! Ainsi il est venu, il a osé...

LA COMTESSE DE FODER.

Le bel Assuérus rend visite à Esther.

PAUL ASTIER, s'arrêtant devant elles.

Tiens, vous voilà, mesdames?... l'heureuse surprise!

MADAME DE ROCANÈRE.

La surprise est surtout pour nous, mon cher monsieur Astier.

PAUL ASTIER, apercevant le garde-noble.

Eh! cher comte, très heureux de vous retrouver sur pied.

LE GARDE-NOBLE, comiquement.

Et moi aussi, cer Paolo... bien content, zé vous assure.

PAUL ASTIER, à madame de Rocanère.

Ma présence vous étonne, marquise? Croyez bien qu'il m'en a coûté, (Avec intention.) autant qu'à vous-même, je pense, pour rentrer dans une maison où chacun de nos pas réveille tant d'échos, tant de souvenirs!

MADAME DE ROCANÈRE, un peu gênée.

Hélas! chère Maria-Antonia...

LA COMTESSE DE FODER.

Oh! oui, c'est tout à fait triste... mais j'avais envie d'une paire de chevaux.

PAUL ASTIER.

Et madame de Rocanère s'est sacrifiée pour vous accompagner... Voilà qui est d'une bonne amie... C'est l'attelage bai brun qui vous tente?

LA COMTESSE DE FODER.

Justement, les deux steppers... j'en suis folle.

PAUL ASTIER.

Je crois qu'ils monteront très haut...

MADAME DE ROCANÈRE.

Et vous, vous êtes venu?..

PAUL ASTIER, très froid.

Moi, je suis venu retirer de la vente quelques objets d'art auxquels je sais qu'on tenait beaucoup... Un vieux clavecin... une viole italienne... On s'est fait un scrupule de rien distraire ; mais le liquidateur m'y autorise et ce soir, tout cela sera parti pour Ajaccio.

Éclats de rire à droite dans le groupe d'Esther et de sa tante.

CHEMINEAU.

Je vous le jure, madame la maréchale.

PAUL ASTIER, regardant du côté d'Esther.

Permettez-moi d'aller saluer mesdames de Sélény.

Il traverse la scène.

LE NOTAIRE.

Monsieur Astier !

Paul s'arrête à sa table un instant.

MADAME DE ROCANÈRE.

Très distingué, ce qu'il fait là !

LA COMTESSE DE FODER, très sincère.

Ah ! toujours correct.

LE GARDE-NOBLE, comiquement.

Ça, oui... comme correzione... Cristo !

CHEMINEAU, à Paul Astier qu'il vient chercher.

Viens donc... On s'impatiente... (Au notaire.) Vous pouvez commencer, monsieur le notaire.

Mouvement de l'assistance dans le fond.

PAUL ASTIER, à la maréchale, à droite.

Les plus belles fleurs du rosarium ne sont pas plus fraîches que vous, madame la maréchale.

CHEMINEAU.

Je le lui ai déjà dit, mon ami... (Bas.) J'ai retenu ta leçon.

LE NOTAIRE, au fond, à sa table.

Un peu de silence!... Nous mettons en vente une paire de pistolets dans leur écrin... Il y a marchand à deux cents francs.

MADAME DE ROCANÈRE.

Deux cent cinquante.

VAILLANT, dans la foule.

Trois cents.

MADAME DE ROCANÈRE.

Quatre cents.

VAILLANT.

Cinq cents!

Bruit de foule.

MADAME DE ROCANÈRE.

Oh! c'est trop fort! Six cents.

VAILLANT.

Sept cents!

MADAME DE ROCANÈRE.

Huit cents!

VAILLANT, avec colère.

Mille!

Rumeur.

LE NOTAIRE.

Il y a preneur à mille francs. Personne ne dit rien? Une fois, deux fois, trois fois, adjugé!

SCÈNE VI

LES MÊMES, HEURTEBIZE.

HEURTEBIZE, entrant par la droite avec le registre à dorure,
à demi voix.

Eh bien! il y tenait, le père Vaillant, à son souvenir...
mille francs! (Haut, s'approchant d'Esther.) Mademoiselle... le
livre demandé.

ESTHER, désignant la première caisse d'oranger.

Bien... Posez-le là-dessus. (A Paul.) Quelque chose que
je veux vous montrer. Venez voir. vous aussi, tante
Kate.

LA MARÉCHALE, s'approchant, l'air gêné.

Mais non, plus tard... Ce n'est pas le moment. La
vente est bien plus intéressante.

ESTHER, à Paul Astier, en lui montrant le registre.

Cherchez là dedans ce que j'ai écrit à ma première
visite à Mousseaux... C'était en avril dernier, il y a cinq
mois... vers le 15... n'est-ce pas, ma tante?

LA MARÉCHALE, de plus en plus gênée.

Mais, mon enfant, comment veux-tu que je me rappelle? (A Chemineau.) A cette époque, justement, j'avais la
tête perdue. J'étais dans une de mes crises de larmes.

CHEMINEAU, bon enfant.

Le défunt repiquait.

LA MARÉCHALE.

Vous dites ?

CHEMINEAU.

Eh bien... oui, il revenait sur l'eau. Il n'y a pas de mal à ça.

PAUL ASTIER, feuilletant le registre.

Quinze avril, voilà ! (Lisant.) « Comte Adriani, exempt » aux gardes-nobles... Pensée de Salomon ! » (Avec l'accent de Pepino.) « L'amour il est plous fort que la mort. » (Montrant vers la gauche la marquise essayant le vieux clavecin pendant que le garde-noble écoute penché langoureusement sur elle.) Bon prophète, ce Salomon !... Il avait deviné madame de Rocanère.

ESTHER.

En effet, c'est elle qui l'a guéri de votre grand coup d'épée.

PAUL ASTIER, lisant.

« Maréchale de Sélény, veuve du grand homme. »

ESTHER, gaiement.

Et comme pensée, qu'a-t-elle écrit la bonne tante Kate ?

LA MARÉCHALE.

Ces petites filles sont insupportables.

PAUL ASTIER, lisant.

« Pensée de Joubert. On n'est épouse et veuve avec dignité, qu'une fois. »

CHEMINEAU, gaiement à la maréchale.

Mais c'est parfait. J'espère bien que ça ne vous arrivera qu'une fois d'être veuve. Je m'y engage même absolument.

LA MARÉCHALE, à Chemineau.

Le rire et l'esprit. (Petite tape d'éventail.) Ah! vous êtes bien de France.

CHEMINEAU, remontant avec elle, lui susurre :

Ame! fleur! étoile!

PAUL ASTIER, lisant.

Et enfin : « Comtesse Esther de Sélény. »

ESTHER.

Il n'y en a pas long, mais ça ne vient ni de Salomon ni de Joubert. C'est de moi.

PAUL ASTIER.

Et en anglais.

ESTHER.

. Oui, c'était plus high-life et plus discret comme cela.

PAUL ASTIER, lisant.

I shall return.

ESTHER.

Traduction : « Je reviendrai. » (A Paul, avec élan.) Et j'y suis revenue dans ce royal domaine de Mousseaux. J'y suis rentrée, comme je me l'étais promis, en châtelaine. (Plus bas.) Et à votre bras. Ce que je veux, je le veux avec ferveur.

Elle ferme le registre d'un geste énergique. Agitation dans le fond de l'orangerie
On emporte la table du notaire.

CHEMINEAU, accourant vers mesdames de Rocanère et de Foder.

Mesdames, attention. Il faut nous rapprocher. On va vendre l'écurie, là, à côté, sur la pelouse.

LA MARÉCHALE, de loin.

Esther, toi qui désires un attelage.

ESTHER.

Oui, oui, nous venons. (Retenant Paul Astier sur le devan de la scène, sous le grand oranger, leurs têtes presque dans les feuilles.) Qu'avez-vous? Pourquoi cet air ténébreux? Est-ce qu'en traversant le parc, à un tournant d'allée, quelque léger fantôme, une de vos belles promeneuses d'autrefois, vous serait apparu?

PAUL ASTIER.

Je ne crois pas aux fantômes, je n'en ai jamais vu !

A ce moment, Vaillant passe dans le fond, guettant Paul Astier, puis il sort par la gauche. Tout le monde est parti.

SCÈNE VII

ESTHER, PAUL ASTIER.

PAUL ASTIER, à Esther.

Ce que vous appelez mon air ténébreux, c'est le masque, ma chère Esther, la tenue officielle et mondaine. Mais écoutez-moi bien. Jusqu'à ce jour, jusqu'à cette minute bénie, j'ai pris l'existence comme un combat, comme une mêlée d'ambitions féroces et voraces. J'ai marché devant moi librement, sans scrupules, sans entrailles. J'ai été dur, j'ai été cynique. Ce n'est pas ma faute. Je suis un produit de mon temps, et d'autres viennent derrière moi, qui seront encore plus implacables.

Rumeur de la vente au dehors.

VOIX DU NOTAIRE.

Un peu de silence !

PAUL ASTIER.

Maintenant, je vous aime, mon Esther, vous la seule à qui je l'aurai dit sans mentir. Je vous aime ! Et ce

que j'éprouve est si nouveau, si extraordinaire... Un
apaisement, une détente de tout mon être, quelque
chose de grand, de doux, qui m'enveloppe, me désarme
et, si vous le voulez, va faire de moi un autre homme
changer en bonté tous mes instincts de combat.

ESTHER, souriant.

Ah! mon Dieu, mon ami, vous m'effrayez! Est-ce
que cela vous prend souvent de bénir les cloches
comme ça?

PAUL ASTIER.

Non, pas souvent, je vous jure!

ESTHER.

Allons, c'est bien. Atteignez-moi ceci, ce bouquet
blanc, juste au-dessus de ma tête. Pas celui-là, l'autre,
plus haut, la fleur est encore plus fière, plus intacte.

LE NOTAIRE, au dehors.

En vente une paire de chevaux attelés, dressés et
parfaitement couplés.

ESTHER, à Paul Astier qui lui offre la fleur.

Non, gardez-la... C'est moi... C'est à vous... Je me
donne...

PAUL ASTIER.

Merci!

Il se penche pour lui baiser la main.

ESTHER.

Caresse perdue, vous savez... j'ai mon gant.

PAUL ASTIER.

Alors, là.
Il rabat le gant d'un geste vif et frôle de sa lèvre un peu du bras nu.

ESTHER.

Prenez garde ! On peut nous voir.

PAUL ASTIER, froidement, sans se retourner.

Personne.

ESTHER, souriant.

Toujours maître de vous !... Et c'est ainsi que je vous préfère, ainsi que je vous veux, avec vos yeux froids qui brûlent, votre bouche d'audace et de volonté ! Je suis pareille, moi aussi, affronteuse et volontaire.

LE NOTAIRE.

Il y a preneur à quinze mille francs.

UNE VOIX.

Seize mille.

UNE AUTRE VOIX.

Dix-sept mille.

UNE VOIX.

Dix-huit mille.

Brouhaha de l'enchère au dehors.

LA MARÉCHALE, dans le fond, éperdue.

Esther !... Esther !... Viens donc.

Elle sort.

UNE VOIX.

Vingt mille.

PAUL ASTIER, à Esther.

Restez. (A toute voix, du côté de l'enchère.) Vingt-cinq mille !

Sensation au dehors.

LE NOTAIRE, en écho.

Vingt-cinq mille !... il y a preneur à vingt-cinq mille francs.

PAUL ASTIER, à Esther.

L'attelage les vaut et je tenais à vous l'offrir.

ESTHER.

Me l'offrir? comme cadeau de noces alors?... (Avec une poignée de main.) Ça va!

LE NOTAIRE.

Vingt-cinq mille francs! Bien vu, bien entendu...

ESTHER, à Paul.

Moi la fortune et la beauté, vous le pouvoir et l'audace sans limite... Une femme comme moi, un homme tel que vous...

PAUL ASTIER, l'étreignant.

A nous deux, nous tiendrons le monde.

ESTHER, avec élan.

Le vaste monde, mon maître bien aimé!

SCÈNE VIII

LES MÊMES, VAILLANT.

est entré par la gauche depuis un instant et semble attendre que le colloque des amoureux soit fini.

VAILLANT, il s'approche et appelle.

Monsieur Paul Astier?

LE NOTAIRE, au dehors.

Personne ne dit rien... une fois!... deux fois...

Paul se retourne, voit Vaillant, écarte Esther et marche au-devant du postier, qui l'arrête d'un geste de la main gauche.

VAILLANT.

Nous luttons pour la vie, n'est-ce pas, jeune homme?

LE NOTAIRE.

Trois fois!...

VAILLANT, il sort à mesure un pistolet de sa grande poche de pardessus.

Le fort mange le faible. (Il arme, et en tirant.) Alors, je te supprime, bandit!

LE NOTAIRE, au dehors.

Adjugé!...

Paul Astier tourne sur lui-même et tombe mort aux pieds d'Esther.
Tout le monde rentre. Cri d'horreur.

VAILLANT, avec un grand geste qui montre le ciel.

Adjugé!... c'est bien le mot...

PARIS. — IMPRIMERIE CHAIX, RUE BERGÈRE, 20. — 8956-4-90.

9 782329 808079